中学语文感悟式教学法的探索与实践

ZHONGXUE YUWEN GANWUSHI JIAOXUEFA DE TANSUO YU SHIJIAN

朱正茂◎著

安徽师范大学出版社
ANHUI NORMAL UNIVERSITY PRESS
· 芜湖 ·

图书在版编目(CIP)数据

中学语文感悟式教学法的探索与实践 / 朱正茂著 . — 芜湖 : 安徽师范大学出版社,
2020.9

ISBN 978-7-5676-4627-8

Ⅰ . ①中… Ⅱ . ①朱… Ⅲ . ①中学语文课 – 教学法 – 研究 Ⅳ . ①G633.302

中国版本图书馆CIP数据核字(2020)第174845号

中学语文感悟式教学法的探索与实践　　　　　　　　朱正茂◎著

责任编辑 : 李克非　　　责任校对 : 胡志恒
装帧设计 : 张　玲　　　责任印制 : 桑国磊
出版发行 : 安徽师范大学出版社
　　　　　芜湖市九华南路189号安徽师范大学花津校区

网　　址 : http://www.ahnupress.com/
发 行 部 : 0553-3883578　5910327　5910310(传真)
印　　刷 : 苏州市古得堡数码印刷有限公司
版　　次 : 2020年9月第1版
印　　次 : 2020年9月第1次印刷
规　　格 : 700 mm×1000 mm　1/16
印　　张 : 16.25
字　　数 : 266千字
书　　号 : ISBN 978-7-5676-4627-8
定　　价 : 43.00元

前言　中学语文感悟式教学法简介

　　为了探索中学语文课堂教学的规律、方法，优化语文教学过程，培养学生正确感悟作品、感悟生活、感悟人生的思维习惯与品质，2001年9月，我提出了"中学语文感悟式教学研究"这一课题。2002年3月，该课题列为安徽省"十五"重点规划课题。经过4年时间的不懈努力，课题研究取得了预期成果，2006年5月安徽省教育科学规划领导小组办公室批准了该课题的结题申请，2007年12月《中学语文感悟式教学研究》荣获安徽省第六届教育科学研究成果评比三等奖。

　　由于这个课题研究的内容同课堂教学联系紧密，一线语文教师十分喜爱，因而十几年来这个课题的研究一直坚持了下来。

一、感悟式教学法的理论依据

　　感悟，受到感动而有所觉悟。我们这里所说的感悟，是指感受大千世界纷繁复杂的表象，从而领悟到某种规律，获得某种启迪，是从感性到理性的一种升华，是在校学生乃至一切学者习得的一个完整过程。

　　感悟式教学，简而言之，是由教师创设种种情境，即创造"感触的氛围"，激活学生的思维，使学生由此开始产生听讲的兴趣、想说的欲望、合作探究的心情，为"有感而悟"打下基础；或通过巧妙的课堂设计，让学生在阅读、思考、讨论中有所感触而领悟；或通过品味课本体验生活，打通课内与课外、阅读与写作的界限，使学生能学以致用。教学追求的效果，简而言之是使学生"有所感触（增加感性认识），有所领悟（从感性认识上升到理性认识）"。

　　感悟并不神秘。早在19世纪，哲学家雅克·马里坦就认为，"真正的教育"是从建立在先验的基础上的"悟性"和"直觉"开始的。在这里，马里坦强调了"悟性""直觉"对于教育的重要性，但他忽视了"悟性""直觉"的前提——感知,而代之以虚幻的先验,这就陷入了唯心主义的泥淖,使所谓的"悟性"成了无源之水,无本之木。唯物主义认为,物质世界是不依赖于我们主观意识的客观存在。我们只有充分接触它,感知它,才有可能了解它,从而掌握其规律,获得启迪。这就是感悟式教学的哲学依据。

两千五百多年前,我国儒家学派的创始人、大教育家孔子就说过:"不愤不启,不悱不发。举一隅不以三隅反,则不复也。"这里,孔子也强调了学生自行领悟的重要性。没有学生的深入思考,获得顿悟,教师的施教就是毫无意义的。在17世纪中叶,德国教育家赫尔巴特指出:"没有被悟性彻底领会的事项,都不可能用熟记的方法去学习。"叶圣陶先生也说:"学生能自行读书,不待教师讲解;自行作文,不待教师指导。"由此可见,感悟是学生习得乃至一切大学问的必由之路。

二、什么是"感悟式教学"

作为一种教学方法,"感悟式教学"以引导学生充分感知为前提,以创设情境,让学生深入思考破解疑惑为关键,以获得顿悟为目的。这是一种符合学生认知规律,着眼于其终身发展,具有可操作性的全新的教学模式,是一种优化的教学方法,是一种创新。

长期以来,在班级授课制的教学体制下,师生们都习惯了灌输式、填鸭式的教学方式。老师讲,学生听,学生将记住老师从参考书上搬来的知识、结论作为自己学习的主要手段。这些传统的教学方法,扼杀了学生创造的萌芽,窒息了求知的活力。这样的学习是很难跟得上全球经济一体化发展的。

感悟式教学则不然,它充分激发学生内部动力,使其在一个个情境下主动探索,质疑问难,获得启迪。它打通了学习与生活的界限,学用结合,读写结合。在学习知识的同时,智力也得到了充分的发展。在感悟式教学的课堂里,教师只是学习的组织者,是情景的创设者,是平等中的首席。课堂上每个结论的推出,都依赖于师生们的交流,每种知识的获得,都打上了自己体验的印记。这样的教学必然是生气勃勃的,是深受学生欢迎的,也是效果显著的。

三、感悟式教学的一般步骤

晚清学者王国维先生说过："古今成大事业者，必经过三种境界：'昨夜西风凋碧树，独上高楼，望尽天涯路'，此第一境也；'衣带渐宽终不悔，为伊消得人憔悴'。此第二境也；'众里寻他千百度，蓦然回首，那人却在灯火阑珊处'，此第三境也。"王先生所说的三境界，可借用来说明我们所说的感悟式教学的步骤。

其一，感知。治学者必先有高远的志向（既定的目标），才能集中精力向着这个目标奋进。学生在学习过程中，必先大量接触客观事物（含间接的经验知识——书本），占有材料，形成感性认识。接触的面越广，占有的材料越丰富，积淀越多，基础就越雄厚，其困惑也就越多。教师的作用是，帮助学生确定这节课、这一单元、这个星期乃至这个学期的目标，确立这篇文章、这本书的学习要点，并为他们提供查阅资料的方法，研究问题的途径，引导他们感知文本，感知生活，形成感性认识。

其二，持恒思考。习得的道路绝非坦途。"入之愈深，其进愈难，而其见愈奇。"这就要百折不挠的意志。愈是困惑不通，愈是深入思考。思维阻塞的地方，往往是症结所在。"有志与力，而又不随以怠，至于幽暗昏惑而无物以相之，亦不能至也。"此时，就需要教师的导引点拨，烛照幽微。

其三，顿悟。所谓"顿悟，是与人的理智相关的一个概念，是灵魂的眼睛抽身返回自身之内，内在地透视自己的灵——因此，教育就是引导'回头'即顿悟的艺术。"相传秦少游为苏小妹问题所困扰时，是苏东坡投石击破水中天，激活了秦少游的灵感，豁然开朗。同样，老师也要善于找到学生困惑的"命门"，掌握最恰当的时机，投下击破"水中天的石子"。这样，经过苦苦思索乃至苦闷彷徨之后，教师恰到好处地予以点拨，学生思维便豁然开朗，往往有"柳暗花明又一村"的欣喜。这便是顿悟。

清初教育家陆世仪也曾指出："悟处皆出于思，不思无由得悟；思处皆缘于学，不学则无可思。学者所以求悟也，悟者思而得通也。"这段话正好道出学、思、悟三者之间的关系。

四、感悟的对象

感悟虽然有"妙手偶得之"的特点，但并非天外来客，作为一种重要的学习方法，它是完全可以培养的。"生活中不是缺少美，而是缺少发现。"培养感悟要热爱生活，做个有心人，细心品味，持恒专一。

感悟必须具有强烈的好奇心。学生对所接触的事物要有广泛的兴趣，勤于观察，勤于思考，善于思考，执着探究，不达目的决不罢休。要善于透过现象看本质，善于寻找事物后面的规律。

尽管选入中学阶段的语文教材体裁多样，风格各异，但我们在教学中选取的感悟点总是有共性的：它就是每课的重点、难点、疑点、美点。抓住这四点进行感悟，我们就可以打破过去多年形成的阅读教学程式化的模式，而从不同的侧面真正地理解作品，激活思维，进而张扬阅读者的个性，培养创新的能力、健全的人格和高尚的审美情趣。

第一，感悟重点。感悟文章要善于抓住牛鼻子，收"牵一发而动全身"之效。譬如，教学《杜十娘怒沉百宝箱》，我们可以引导学生思考"百宝箱"这一关键形象的作用。"百宝箱"是怎么来的？经历了哪些曲折？寄寓了杜十娘怎样的美好憧憬？它的沉沦有什么悲剧意义？带着这些问题，学生阅读全文，经过一次次追问、思考，他们终于悟出了"百宝箱"的多重意蕴。第一，"百宝箱"是杜十娘备受凌辱生涯的记录，多年烟花血泪生活的见证。第二，"百宝箱"是杜十娘跳出火坑，追求自由爱情、幸福的凭借与寄托，是对理想未来的憧憬。第三，"百宝箱"也是杜十娘不幸遭遇的象征与见证。最后，"百宝箱"是情节发展的原动力，是高潮到来的标志。随着"百宝箱"的出现和真相大白，人物形象的塑造也水到渠成，悲剧的意义也得以展现。通过正确而全面的解读"百宝箱"的内蕴，学生轻轻松松地把握了小说的深刻含义，领悟作者的艺术匠心，洞察了杜十娘深刻的悲剧原因。

第二，感悟难点。阅读中的难点，要么是作者的匠心所在，要么是学生们限于阅历、经验而产生的隔膜，此时就需要教师加以引导，帮助学生拨开迷雾见青天。譬如，《雷雨》一剧中，周朴园是否真的爱鲁侍萍一直有争议，学生们往往莫衷一是，甚至争得面红耳赤。老师此时再次让大家看剧本，追问："从哪些地方、什么时候看出周朴园爱鲁侍萍？哪些地方、什么时候看出周朴园不爱鲁侍萍？他的变化说明了什么？"接着，老师还建议大家看原剧的序幕和尾声。经过师生对剧本的多次解读。学生们终于懂得，周朴园首先是一个人，有着正常的人的情感，他对结发妻子的怀念肯定是真的；其次，周的爱情后来都不如意，于是很自然的怀念起温柔善良的前妻，所谓"距离产生美"；再次，周也是一个封建思想很浓厚的人，他对鲁的怀念也带有表演的成分，给周萍等家人树立起一个忠诚的榜样；但周毕竟是一个利欲熏心的资本家，所以当鲁来到眼前的时候，这种昔日的感情有可能威胁到自己的事业时，他凶横的一面就占了上风，驱逐鲁就成了自然的选择。但在家破人亡后，作为一个人，他人性的一面又复苏了。就这样，有情人—资本家—自然人的三重角色轮流占上风，就形成了周朴园扑朔迷离的表现。

第三，感悟疑点。读书一深入，就会产生许多疑点，这时学生正处在有所发现的关键时刻。一旦突破这一疑点，往往会取得"柳暗花明又一村"的惊喜。学习《香菱学诗》时，爱动脑筋的学生会不解，宝钗是出了名的"会做人"的，见多识广，又是香菱的亲人和主人，对香菱学诗反而不以为然，屡次泼冷水，远不如林黛玉热心、真诚，这是何故？老师可以引导学生读《红楼梦》全书，全面的了解宝钗的为人和香菱的遭遇。反复阅读之后，学生们终于明白，宝钗是封建礼教的忠实维护者，她也认为"女子无才便是德"，对女子追求心灵的充实与自由本来就不以为然，她明白，香菱诗才越高，对薛蟠的粗俗鄙陋和凶横将更感痛苦，追求与现实将出现更大错位，无知无识反而易于麻木，易于忍受。而林黛玉追求心灵自由，才华绝世，对香菱的出身本来有同情之心，有同病相怜之感，所以对这个聪明颖悟的女孩发自内心地予以帮助。一经顿悟，学生们对曹雪芹的写人艺术更加佩服，对《红楼梦》的理解又深入一层。

第四，感受美点。选入教材中有许多美文，它们是作者美好感情的真实流露，是人性至真至纯的再现，是哲理的灵光，是语言的精华。感悟这些，能够陶冶我们的情操，学到为人为文的道理。反复诵读杜甫的《兵车行》，懂得了统治者的穷兵黩武给百姓带来的深重苦难，品出了诗圣忧国忧民的博大胸襟；反复诵读苏轼的《赤壁赋》，品出了古战场的遗风和苏子的矛盾与豁达；读沈从文的《边城》，感受了美好湘西的风土人情，也品出了作者对淳朴民风的无限眷恋与浩叹；读徐志摩《再别康桥》，品出了康河秀丽的风光和诗人对剑桥理想的追求与哀叹——感悟美点，就是进行足不出户的旅行，就是让美的泉水沐浴身心，就是在享受一道道精美的精神小吃或者是满汉全席的精神盛宴，就是穿越时空与大师们进行心灵的对话。

五、感悟的方法

感悟的方法很多。针对不同的文体，不同的学生，感悟式教学的方法也有所不同。教师要善于创设各种情境，因势利导，让学生在感悟中习得。

1.通过诵读感悟。带着感情的诵读能够调动人的情感，使之积聚、发酵，教师此时适当点拨便能使学生将文本的意思与自己的情感结合起来，产生自己独到的理解。

笔者所在学校的余文知老师，在教学史铁生的《我与地坛》第二节时，突出了诵读。不同的学生反复的诵读，然后让他们分别谈自己读时的感受。教师还现身说法，自己读了其中几段，并且谈到当年读中学时因为淘气被学校惩罚，母亲到学校接儿子时泪光盈盈却一句话也不怪罪，只是给自己下了一碗最喜欢吃的面条。天下母亲们的坚忍、宽容，世间最圣洁的母爱，就这样在诵读中被学生们深切的感悟了。这样的感悟要胜过老师几倍的聒噪。

再如，教学王勃《滕王阁序》的时候，我反复让学生诵读文章。读第一遍后，学生们只觉得文章写出了优美的风光，文辞优美，朗朗上口，真可谓"余香满口，词句警人"。读第二遍后，学生们感到了作者一种淡淡的忧伤，一种掩饰不住的怀才不遇。读第三遍后，学生真正感受到了诗人有志难伸的无奈与不甘沉沦的倔强交织的复杂情感。懂得了文章的深刻含义，也能够背诵其中的精彩段落，名著真正化作了学生的营养。

2.通过创设情境感悟，借助多媒体唤起学生沉睡的情感。笔者曾让学生写一篇关于亲情的文章，可交上来的文章多是老生常谈，干瘪无味。原来是学生长期浸润在亲情的海洋里，"如入芝兰之室，久而不闻其香"，认为父母的关爱是理所当然的。必须重新唤醒他们的感情，使他们懂得感恩。于是，我找来了满文军的《懂你》的MTV，一遍一遍地播放，画面上母亲含辛茹苦拉扯几个孩子长大的感人画面，为了孩子们吃饱自己却舔食碗底、孩子们长大离去母亲依依不舍地沿铁路追赶的镜头，如泣如诉的深沉歌声，叩击着孩子们的心灵。他们的沉睡的情感复苏了，眼眶湿润了。平时父母对自己的关爱涌上心头，他们不禁为自己曾经的麻木羞愧难当，他们真正懂得了，"生活中不是缺少美，而是缺少发现"；学会感恩是当代学生必须补上的重要一课。用不着多指导，一篇篇感人至深的佳作就流淌了出来，其中朱萍同学的《爱如茉莉》还刊载于《语文学习》上。

3.通过加强积累感悟。"熟读唐诗三百首，不会作诗也会吟。"习得的过程也是一个积累的过程。对古今中外大量优秀的文学遗产，我们必须继承，才能在雄厚的基础上建立我们知识的大厦，创造出属于自己的知识结构。从2000年以来，我们在实验学校——桐城二中先后开始了"每课一诗"和"每课一句名言"的活动。每节课前三分钟，让一名学生上台把一首唐诗（或宋词）抄写在黑板上，然后让他就这首诗加以鉴赏，最后让全班同学一起将其背诵出来。这样一轮下来，每个班学生可以鉴赏并积累到60多首诗词，为提高他们的诗词鉴赏能力打下了坚实的基础。名句鉴赏也是如此。丰厚的文化积累，使这个学校在最近几年高中考中，成绩突出，各级作文竞赛中佳作迭出，在桐城市首屈一指。

4.通过对话获得感悟。在柏拉图《对话录》中有这样一个例子：有一个奴隶，最初他对一道数学题有绝对把握，经过反复提问质询以后，他陷入了进退两难的窘境，从而猛醒自己的可笑和无知，经过进一步的追问，他顿然感悟从而获得了正确的答案。根据这一实例可知，用对话的形式可以辩明真理。对话便是真理的敞亮和思想本身的实现。

新的课程标准也强调，阅读的过程就是师生共同与文本及其相互之间对话的过程。在实验学校的课堂上，经常可以看见师生们就文本中几个话题展开对话，交流思想，碰撞观点，探讨真理。

课堂对话要照准切入点。譬如，笔者在教学《变形记》过程中的一个片段。让学生在课堂上带着问题预习了一节课后，我在黑板上写下了三个话题："我的鉴赏""我的发现""我的创造"，让学生就其中一个深入思考，然后在小组阐明自己看法，最后在全班展示，让同学们分享自己的思考所得。由于问题设计符合大家阅读实际，反响强烈，精彩的对话场面充满课堂。请看"我的鉴赏"镜头。

师：大家已经预习了课文，心里一定有许多感触。现在就请同学们从"可敬""可爱""可恨""可悲""可怜""可叹""可鄙"这些词语中任选其一，结合课文相关情节，谈谈你对格里高尔（或他的父亲、母亲、妹妹等）的看法。

开始，大家仍然默不作声，于是我又先行示范。"格里高尔是可敬的。他有强烈的责任感。为还清父债，他从一个比较舒适的小办事员改行为一个旅行推销员，任劳任怨，忍辱负重；在他变成甲虫陷入巨大的惶恐和痛苦后，想的还不是自己，仍然是工作，仍然是挣钱养家……"话未说完，教室里气氛顿时活跃起来。

生1说道："我也认为格里高尔是可敬的。他无私，一心想着家人，生怕母亲被自己甲虫的模样吓着，躲在床底下用被单遮住；在家人厌弃他之后，为了不拖累家人，也为了保持自尊，他毅然选择了绝食而亡。"

"我觉得他父亲是可恶的。"生2愤愤地说道，"自己欠下的一大笔债务，他居然让儿子一人独力偿还。格里高尔每天在外疲于奔命，而自己每天早餐居然要用好几个小时，一边读着报刊一边吃，还心安理得，真是自私到极点！"

"我觉得这样的父亲是可鄙、可恨的。"生3涨红了脸说，"儿子积劳成疾变成了甲虫，他不但不想法子医治，反而驱赶他，打击他，让他'血流如注'，最让人痛心的是用苹果'轰炸'他，致格里高尔于死地。这样的人配称父亲吗？"

一贯沉稳的生4也若有所思地说："我认为母亲也是可悲的。都说母爱是无私的伟大的，可是格里高尔的母亲在儿子变成甲虫之后，只是一味惊骇，只有一次抱住父亲的后脑勺请求饶格里高尔一命，算是体现了一点恻隐之心。后来就一直躲避，在妹妹提议弄走这只怪物时，她也默认了。格里高尔是她的儿子呀，她怎么能这样无情。母爱到哪里去了？"

"我认为最可恨的是她的妹妹。格里高尔最喜欢的就是她，她酷爱音乐，上音乐学院的美梦是父母连听都不愿意听的，但格里高尔却念念不忘这件事，并打算在圣诞节前夜隆重宣布这件事。可好，这么爱自己的哥哥变成甲虫后，妹妹除了开始来看过几次，竟然也厌弃他，居然首先提出要把他抛开。我要是有这种妹妹，我会当作奇耻大辱。"生5说着，红了眼睛。

喜欢钻牛角尖的生6说："我认为格里高尔这样的结局是很可惜的。他已经将偿还了不少债务，按照他的计划，再有五六年，就可以过着自由的生活，做自己喜欢的事，也不会遭到这样悲惨的下场了。功亏一篑，可惜呀可惜！"摇头晃脑的样子把全班差点弄笑了。

生7缓缓地站起来，说："我觉得格里高尔的家人都很可恶，在他们眼里，亲情远不如金钱。为了腾出房间出租赚钱，他们把格里高尔卧室堆放家具；'虫形人性'的格里高尔从房间爬出，想听听妹妹的琴声，家人竟然把他关了起来；为根绝后患，他们要永远摆脱他。真让人寒心。"

生8面色凝重地说："我感到最可悲的是，格里高尔死后，全家人竟然感到非常轻松愉快，居然有闲情逸致去郊游。我一直在想，这家人到底怎么啦？当格里高尔好好的时候，大家都那么依赖他，一旦他没有价值甚至成为家庭负担时，大家就巴不得他赶快自己死去以免拖累自己。如果每个家庭都像这样，那社会真比沙漠还要可怕。"

全班同学默然。半晌，生9深思熟虑地说："我觉得最可悲的是，格里高尔为家里人付出了一切，自由，享受，爱好，甚至自尊，换来的是什么呢？是变成甲虫的悲剧，是家人的冷漠，厌弃直至死亡。我想，格里高尔一切为着他人活着，太无私了。"

"不是太无私，而是完全丧失了自我。这可能也是悲剧的原因之一吧。"我及时补充。

班上气氛热烈，大家仍在发言，互不相让，气氛十分活跃。我会心地笑了。学生们通过辩论交锋，已经较准确地把握文章的精髓了，还用得着老师讲解吗？

听到这样启迪心智，充溢着浓厚人文关怀的对话，你不觉得这样的课堂是一种使学生获得顿悟的磁场吗？

5.借助生活阅历来感悟。"处处留心皆学问，人情练达即文章。"生活阅历宛如一壶老酒，岁月越久，味道越甘醇。生活阅历丰富的人，感悟力也要强得多。教学《人生的境界》时，学生往往对道德境界和功利境界混淆不清，我从历史上举出大量典型事例，生动形象地说明了两者的区别。譬如，电影《辛德勒的名单》上，开始，作为资本家的辛德勒一心追逐利润，利用纳粹排挤犹太人的机会，雇佣大量犹太人做廉价的劳动力赚钱，这时他属于功利境界。后来，在目睹了纳粹血腥屠杀犹太人的悲惨场面后，内心深处受到了极大的震撼。为了挽救更多的犹太人的生命，他不惜一切代价甚至甘冒生命危险，赢得了犹太人和所有善良人的衷心感谢。这种行为正所谓"正其义而不谋其利"，表明他已经到达道德境界了。可见，这两种境界不是完全判若鸿沟的。

又如，有位资深老师，在指导学生鉴赏诗歌时，通过示例讲解了文学鉴赏的一般规律，学生很容易地用它来解决了诗歌鉴赏中的一些难题。可是，对待王维中年时的名作的《竹里馆》，很多学生却神情漠然。"独坐幽篁里，弹琴复长啸。深林人不知，明月来相照。"老师动情地对他们说，"你们现在读不懂这首诗是理所应当的，你们正处在花样年华，意气风发，志在大展宏图，建功立业，怎么会理解一千多年前经历复杂看破尘世的中年人的感情呢？"接着，老师跟他们讲解了王维写作这首诗的背景和自己对这首诗的理解过程。在学习过程中，教师如能注重引导学生体验生活，并和学生一起分享自己的人生阅历，那么，定能使学生收到文本学习所不能达到的效果，点燃他们顿悟的激情，开启他们创造的闸门，缩短他们获取人生历练的时间。不少学生往往有这样的体会，他们对当年老师讲解的知识已经淡忘，精彩的课堂已经渐行渐远，唯独老师当年讲的生活阅历历久弥新，正在自己的生活中得到引证。"昨夜江边春水生，艨艟巨舰一毛轻。向来枉费推移力，此日中流自在行。"我们教学时，可不要忘了注入生活阅历的"一江春水"，让知识之舟在它的推动下自在航行。

6.通过探究来感悟。教材中虽然有不少文史名人的文章，譬如李白、杜甫，譬如苏轼、李清照，譬如鲁迅、巴金，但以往的教学往往局限于一篇篇文章的本身，或浅尝辄止，或"只见树木，不见森林"，学生们很难形成一个完整的印象，这样没有系统的学习无疑是浪费了教学资源。能不能使学生养成探索的习惯？他们怎样学会查阅资料？能不能将阅读与写作结合起来？一个个问题困扰着我们。经过调查、实验，我们摸索出了探究性写作的方法。

探索的课题从哪里来？从教材来，从《语文读本》来，从课外阅读来。在课堂上，在阅读中发现了问题，产生的疑惑，老师及时与之交流，帮助他们确立课题，引导他们查阅资料，研究一个个作家，或研究一个个带有普遍意义的现象，形成自己的见解。譬如。高二年级学习了《卫风·氓》《孔雀东南飞》《杜十娘怒沉百宝箱》《祝福》之后，高二（6）班一些女同学对封建社会女子的悲惨命运产生了疑问，为什么中国女子的命运如此悲惨，为什么婚姻制度总是欺压女人？当代社会，中国女权还存在哪些问题？一系列的疑问促使她们思考，写成了一篇篇很有分量的文章。其中张婷婷同学的《桐花飘落的时节》一文，发表在《中学生阅读》（2004年第5期高中版）上，获得了广泛好评。光婷婷同学的《咽泪装欢》等文章，刊载于学校文学社刊物《浪花》上，也引起很大反响。在探索的热情驱动下，研究李白、杜甫，研究苏轼、李清照，研究鲁迅、沈从文的优秀小论文不断涌现。艰苦而有趣的探索性写作，不仅使学生们加深了对社会现象、对作家全部创作的感知，使他们悟出了生活的真谛，更重要的是，从中学到的做学问方法，将使他们受用终生。

本课题研究的最重要成果是培养了一批骨干教师。在课题研究和实践过程中，一批中青年教师迅速成长。他们在省市级公开课、研讨课和观摩课中的精彩表现获得了专家和老师们的一致好评，他们竞赛用的教学设计经常发表在国家、省市级语文专业学术期刊上。其中，桐城二中的朱仲莉、占淑红、汪玉清、江离，桐城中学的周兴广、吴世敏，实验中学的方捍东、盛雪等老师在安庆市中青年教师优质课大奖赛上先后荣获一等奖；其中实验中学的盛雪获得了安徽省一等奖，桐城中学的吴世敏和二中的江离老师获得了省级二等奖。桐城中学的胡双全老师获得安徽省第二届"教坛新星"称号，桐城二中的占淑红老师被评为安徽省第三届"教坛新星"。课题组的十余位老师相继成为安庆市学科带头人或安庆市骨干教师。特别值得指出的是，课题组的骨干成员朱新敏、朱正茂、胡双全三位同志先后成长为安徽省特级教师。现在胡双全、方捍东两位老师又被评为正高级教师。

目　录

中学语文感悟式教学法的探索与实践

上　篇

中学语文感悟式教学法的探索

重视教法研究，提高课堂教学效率

《中学语文教学大纲》指出：在整个教学过程中，"教师要善于激发学生的学习兴趣，创造性地开展多种形式的教学活动。"重视教法研究，灵活性地、创造性地组织教学，是提高课堂教学效率的关键所在。

一、教学工作是讲究艺术性的工作，要提高课堂教学效率，必须重视研究教学方法

我们通常所说的教学方法，是指完成教学任务所使用的工作方法，是教师为达到一定的教学目标、实现一定的教学内容在共同活动中所采用的教学方式、途径和手段。当我们的教育方针、教育目的和任务确定之后，能否按教学大纲规定圆满地完成教学任务，实现教育目的，教学方法的好坏就起着决定性的作用。毛泽东同志曾指出："不解决方法问题，任务也只是瞎说一顿。"教育教学发展的历史和现代教育理论都说明了这样一个事实：从事教学工作不能简单地照本宣科，教学工作既要讲科学性，更要重视艺术性。瑞伯雷斯有句名言："学生不是待装的瓶，而是待燃的火。"教师实际上所从事的工作就是要点燃学生智慧的火花，最大限度地发展学生的智力，培养学生分析问题、解决问题的能力，从而为他们今后走上社会独立学习和实践创造条件。日常教学中我们常常发现：同样的教材、同样程度的学生，让同样学历层次、知识水平的两个教师去讲授，由于他们各自使用的教学方法不同，教学效果则大不一样。这充分说明了教学方法是制约教学效果的一个重要因素。在教育改革不断深化发展的今天，要求迅速提高教学质量，重视教法研究，提高课堂教学效率，就显得更加重要了。

二、努力学习教法理论，不断提高教法研究的自觉性和理论水平

我国历史悠久，教学理论的发展可谓源远流长。古往今来，许多优秀教育家探索、总结了大量有价值的教学理论。教育家孔子就提出教师教学要"诲人不倦"，他认为师生之间的互相切磋，教师的点拨、启发要把握适当的时机："不愤不启，不悱不发。"愤：是学生发奋学习，认真思考，想搞明白但还未想清楚的心理状态；悱：是学生经过思想想要表达而又表达不出来的困难境地。孔子认为当学生进入到"愤""悱"状态时，教师就可以进行启发式教学了。《学记》针对教与学的关系提出了这样的教学理论："故君子之教也，喻也。道而弗牵，强而弗抑，开而弗达。"对于学生的学习，教师的责任是引导他们走上正确的道路，而不能牵着他们的鼻子走；要鼓励他们自觉发奋学习，而不能采用强迫的办法；要运用启发的方式打开学生的思路，而不能用现成的结论去代替学生的思考。现代教育家陶行知先生在 1919 年就提出了"教学合一"理论，认为"先生的责任不在教，而在教学，而在教学生学"。1927 年他进一步提出了"教学做合一"的主张："我们要在做上教，在做上学"，"从先生对学生的关系说：做便是教，从学生对先生的关系说：做便是学。"认真学习这些优秀的教学理论，对于我们的教学实践有着重要的指导意义。同样是让学生自读课文，在启发式理论指导下会重视学生阅读能力的培养，会让学生带着问题对课文进行整体认读，逐层理解，允许学生提问、讨论；而在注入式理论指导下，就会强调背诵，学生只能硬读、苦读、死读。正如元代程端礼说的那样："每段要读二百遍，默读一百遍，背诵一百遍。"实际上还是"满堂灌"，只不过由"教师灌"变成"课本灌"罢了。我们只有认真学习教学理论，虚心借鉴前人研究成果，不断提高自身的教学理论水平，才有可能在教学实践中自觉地发展教学艺术，提高教育质量。

三、认真借鉴别人先进的教学方法，不断扩大教法研究的视野，拓宽改进教法的思路

在语文教育改革不断深化的今天，广大教师既认真执教，又勤于钻研

教学理论，总结教学规律，试验出新的更为适用的教学方法。认真学习借鉴这些教学方法，就会扩大我们教法研究的视野，拓宽改进教法的思路。语文阅读教学领域，许多优秀的语文教师以现代化的先进的教育思想理论为指导，对阅读教学进行了深入的研究。对传统的讲授法进行批判地继承，否定了其中缺陷和不足——如注入式、填鸭式、满堂灌等，在教学中确立了学生的主体地位，把课堂交给学生，变"讲堂"为"学堂"。使传统的讲授法，推陈出新，演绎出讲解法、讲述法、引导法、点拨法等。不仅如此。还涌现出"启发式教学法"等一大批新的教学方法。像钱梦龙老师的"三主""四式"语文导读法（学生为主体、教师为主导、训练为主线的"三主"；"四式"即四种课型：自读课、教读课、作业课和复读课）；魏书生老师的"六步法"（课堂教学分成六步：定向、自学、讨论、答疑、自测和自结）；育才中学的"八字教学法"（即"读读、议议、讲讲、练练"）；还有学导式四步阅读教学法（"依纲自学，检查释疑、精讲小结、及时练习"四步）；等等。这些先进的教学方法，都具有一定的科学性和可行性，具有鲜明的时代性。对我们自身的教学显然有着现实的指导作用。如果我们不去学习它并在实践中加以借鉴，就只能停留在"自我"的小圈子里，不能打破自我模式和自我常规。长此以往，自己就会觉得"教之无味"。学生也会感到"学之生厌"了。而实践早已证明：封闭式教学，单一式教学，是不可能取得好成绩的。现在，语文教改的园地里已经迎来了百花齐放的春天，认真学习借鉴这些教学方法，必将对我们自身的教学产生积极的影响。

四、积极进行教法实践，不断积累教学经验，逐步形成具有自我特色且又适应时代要求的新的教学方法，以切实提高课堂教学效率

我们提倡学习教法理论、借鉴先进的教学方法，目的是要改进自身的教学方法，提高教学水平，从而提高课堂教学效率。因此我们在广泛学习和借鉴时，一定要结合自己的校情，根据自己的教学实际和学生实情来决定取舍，切不可盲目搬用。我们只有大胆积极地进行实践探索，在实践中总结、摸索，对别人的先进经验进行批判地吸收，才能形成符合自身教学实际的切实可行的教学方法。

1.克服教学模式单一化，认真钻研教材，精心设计教学。在相当长的一段时间内，人们的教学思想僵化，教学往往拘囿于某一种模式。如现代文阅读教学，总是五个环节：作者介绍和背景分析；词句解释；划分层次；归纳中心；分析写作特点。这种程式化、机械化的教学方法，导致了课堂教学沉闷，教学效率低下。要改变这种落后局面，就必须在教学过程中坚持教师为主导，学生为主体，把培养学生阅读能力作为教学的主要目标。要认真钻研教材，根据教学内容，精心设计教学程序，教师应做好以下三方面工作。

（1）教师认真钻研教材，提炼出教材中的重难点，精心设问。通过设问，加强师生双向交流。使学生在探究问题中完成学习任务。譬如讲授茅盾先生的《风景谈》一文。可以通过设计一连串环环相扣的问题来组织教学。在学生阅读的基础上，结合课后思考题第一题设问："风景谈"，就是"谈风景"，文中写了哪六幅风景画？在学生议论明确了六幅画面后。通过设问指点学生具体赏析六幅画面：茅盾先生在《回忆录（二十七）》中说："我写了延安的'风景'，不仅包括自然景观，而且包括人们的活动。"请同学们指出每一幅景物的描写中心和它的特定含义各是什么。在学生细读课文的基础上，教师重点引导学生细心体会画面的描写，注意每幅画面后边的议论、抒情句段。如，"沙漠驼铃"一节，作者由小到大、由远到近，有形、有声、有色地描绘驼队出现的经过和末尾的议论就成了师生共同体会的重点。最后理出其中的点睛之笔："自然是伟大的，然而人类更伟大。"在分别赏析之后可用一个问题将六幅画面串起来：文中的六幅画，是按什么顺序组织起来的？本文的文眼是什么？在学生回答之后，教师明确：六幅风景画是按作者对自然与人的关系的认识和逐渐深化的顺序组织在一起的。本文的文眼就是"沙漠驼铃"的抒情句："自然是伟大的，然而人类更伟大。"文眼是文章构思的凝聚点，抓住了它，就等于抓住了理解全文的钥匙。在此基础上，教师则着力指导学生精读课文，适时提问：本文的文眼设在篇首，后文是怎样照应的？学生边读、边思、边议，在教师指点下，就能准确领会到"风景"只是文章的形，"政治"才是本文的神。从而准确把握文章的主旨，完成学习任务。

（2）认真阅读课文，紧扣课文点题的关键词语或句子，引导学生把握文中体现中心的文句，使学生在大跨度、快节奏的氛围中产生学习欲望。

我在讲授李健吾的《雨中登泰山》时，就是引导学生从篇末入手学习的。在学生根据预习提示自学课文的基础上，教师带领学生先读最后一段，明确指出："我们敢于在雨中登泰山"中的"敢于"一词呼应全篇；有"雨趣而无淋漓之苦"概括了"独得之乐"。由于游记体文章一般以游览进程为写作顺序，文中对立足点的交代比较清楚，这样学生就能在教师指点下精读课文，细心体会"敢于"的语言信息；正因为"敢于"，所以不避风雨，"兴致勃勃"登山；所以一路上雨大暂避"七真祠"，雨小"又来到雨地"继续登山，毫不气馁；也正因为"敢于"，多年的愿望终于实现了，攀上天梯，登临天街，领略到无限风光。这样学生对文章的整体结构和内容就有了较为明确的认识。再引导学生揣摩"雨趣"二字，体会文中描写景色。文中处处着笔一个"雨"字，创造了"人朝上走，水朝下流"的诗一般的意境。由于学生探究问题的积极性被调动起来了，尽管教学的程序被打破了。只要组织点拨恰当，还是能收到很好的教学效果的。

（3）深入探究教材，找出其中的关键点，以此为突破口，引导学生理解全篇文章。如，我曾听过的一节公开课，这位老师在讲授碧野的《天山景物记》时，就采用了这种方法。天山是亚洲中部的大山系，《天山景物记》极富层次地在读者面前展开了一幅经纬交织、点面呼应、动静结合、色彩斑斓的立体"长卷"。如果按照常规教学，这样的课文是很难在一节课时间内完成教学任务的。怎样讲解才能节奏快而且较好地引导学生领会文章形神俱备、文质兼美的特点呢？认真研读课文，可以看到，在正文部分的四个小标题中："碧峰·溪流·森林·野花"的写作顺序非常清楚，它从山的外围逐步写到山的深处，向读者展开一幅境界开阔，优美动人的风景画；"野马·蘑菇圈·旱獭·雪莲"，有重点地介绍了天山的奇珍异品；"天然湖与果子沟"描绘天然湖的壮美景画，介绍了果子沟的丰饶；而"迷人的夏季牧场"比较起来显得十分突出：它集中描绘了千里牧场的迷人景色和哈萨克牧民的幸福生活，是一幅感人至深的自然风景与社会生活相交织的图画。因此选准了这一节作为讲授的突破口，扣住"迷人"二字，借助辅助手段（放录音、听音乐）着力引导学生细心体会，认真咀嚼。结果一堂课就完成了全篇的教学任务，而且课堂气氛活跃，既突出了重点，又带动了全篇，教学效果很好。

2.注意研究学生心理，从学生的认知规律出发，认真组织教学，为学生创造出良好的学习情境。如，上文提到的《天山景物记》的讲授，由于授课教师在选准"迷人的夏季牧场"作为突破口时精心设计了导入新课的方法，课堂教学效果增色很多。教师利用辅助手段，一上课就放音乐《美丽的草原》，当学生沉浸在优美的音乐旋律中时教师用充满抒情的语调将学生的思绪导入《天山景物记》，引入"迷人的夏季牧场"。

古人说：教无定法。说的是教学方法的千姿百态，正因如此，我们才要花大气力进行教法研究，不断选用并创造符合个人教学实际的优秀教法，提高课堂教学效率，为教育事业的全面发展做出我们应有的贡献。

（本文发表于《池州师专学报》2002年第1期）

读悟，是感悟式语文教学的前提和基础

2000年《中学语文教学大纲》第一次写进"感悟"这一理念。随着新课程实验的推进，初、高中《语文课程标准》更进一步强化了"感悟"理念在语文教学中的地位。2002年4月，我和同事程钧老师成功申报了省级课题"中学语文感悟式教学研究"。历经四个年头，通过实验学校广大老师的共同努力，我们在理论和实践上都取得了一些成果，2006年4月，该课题通过了省教科所组织的课题验收专家组的鉴定，正式结题。回想几年来的课堂教学实践，我认为：读悟是感悟式语文教学的前提和基础。

作为一种教学方法，"感悟式教学"以引导学生充分感知为前提，以创设情境，让学生深入思考破解疑惑为关键，以获得顿悟为目的。教师创设种种情境，激活学生的思维，使学生由此开始产生听讲的兴趣、想说的欲望、合作探究的心情，为"有感而悟"打下基础；或通过巧妙的课堂设计，让学生在阅读、思考、讨论中有所感触而领悟；或通过品味课本体验生活，打通课内与课外、阅读与写作的界限，使学生能学以致用。语文课堂教学，是基于文本的教学，因此引导学生正确的"读懂"文本，是进行感悟式教学的前提和基础。我们这里说的"读"，主要包括两点：一是学生"自读"，二是教师"导读"。而这两个"读"，都离不开"悟"。"读"要和"悟"相结合，在"悟"中"读"，在"读"中"悟"，只有这样，学生的学习效果才会达到理想境界。

就学生"读"，我们并不陌生。在平时的听课活动中，我们看到不少课堂都会运用"读"的方法，都要使用"读"的手段，"读"的形式多样，课堂气氛热热闹闹，但是学习效果不一定好。这主要原因在于忽视了语文学习的独特性，忽视了语文学习的个性化。盲目追求"读"的形式，不一定能取得好的学习效果。

就教师导"读"，还是孔子说得好："不愤不启，不悱不发。举一隅不以三隅反，则不复也。"因为没有学生的深入思考，获得顿悟，教师的施教就是毫无意义的。现代教育家叶圣陶先生也说："学生能自行读书，不待教师讲解；自行作文，不待教师指导。"

在课堂教学中，我们主动运用感悟式教学理论，注重学生学习积极性的调动，启发学生主动学习。而这就必须抓住学生阅读兴趣的培养和阅读方法的指导，在实施个性化阅读上做文章，为学生实现自我感悟提供良好的外部环境。首先，我们要让语文课堂回归到"学堂"，让学生读书，在教师指导下读书，成为语文课堂的主旋律。其次，我们要给学生充分思考的时间，让学生有时间理解文本，有时间对文本进行个性化解读，有时间进行真正意义的"小组活动"。再次，我们要用有价值的提问叩击学生的思维，导引学生的思考，努力使语文课堂成为学生思维的自由王国。

为了更好地培养并发展学生"读"的能力，在课堂教学中，我们注重了学生读书的指导，从三个层面上，逐层深入地加以指导。

一、整体感知：整体阅读，通晓大意

整体感知是阅读的起点和基础。学生只有懂得一篇文章是一个有机整体，将课文中字词句看作课文一部分，从整体中去理解部分，养成整体感知的习惯，才能为下一层次的悟读做好准备。一般说来，做到整体感知文本，教师要灵活运用多种阅读方法，如范读、带读、学生自读等，学生自读又有齐读、默读、速读等。教师在课堂上要舍得花时间让学生读书。

就单篇文章来说，整体感知就是在了解作品背景的基础上，学生通过有效阅读，较好的把握文章重要内容、作者的情感倾向、作品的风格特征、文章结构线索等。这样，便能产生"会当凌绝顶，一览众山小"的心理效应，而不至于"不识庐山真面目，只缘身在此山中"。

二、重点诵读：提纲挈领，把握重点

通晓大意，只是阅读教学第一步。要让学生的学习更进一步，就必须引导学生准确把握文章重点。我们一般采用诵读的方法，让学生在朗读中把握文章的重点，在对重点语段的朗读中体会文章的主要内容。"感人心者，莫先乎情"。这里的"读"，必须是有"情"的，是体现语文学习个性化特点的。要指导学生调动自己的生活积累，激发生活经历的再体验，从而产生情感共鸣。只有学生感情投入了，才能悟出文中之情，只有学生心中之情被激越了，才能与作者情感之弦共振，产生"心领神会"，产生"顿悟"，从而由"读"而"悟"。譬如郁达夫散文名作《故都的秋》，在"冷""静""悲凉"的情感主题之下，有许多经典情节值得朗读。"清晨静观"的幽静与眷恋，"落蕊轻扫"的清闲与忧思，"秋蝉残声"的冷落与孤独，不通过倾情朗读，是难以感悟和体会的。

三、深层品析：突破难点，感悟美点

"书读百遍，其义自现"，古人说的诚然有理。但在课堂教学中，我们不可能期望学生借助反复朗读，自己就能领会文章的所有内容，就能完成学习任务。对于文章中的难点、疑点和美点，就必须发挥教师的导读作用。特别是文学作品，以其崇高的主题、丰富的情感、精巧的构思和优美的语言感染人。学生要获得审美体验和愉悦，就只有在阅读经验积累的基础上，深层品析，感悟其语言的结构美和理趣美。

在课堂教学中，教师的导读一般通过创设情境、设计提问、适时点拨来实现。

第一，创设情境。首先在新课导入时，可以通过精心设计，积极创设情境，最大限度地调动学生学习语文的兴趣，提高教学效果。可以有以下创设：（1）提问导入。如《皇帝的新装》，在板书课题后，设计问题：①文中最可笑的是谁？②最可恨的是谁？③最可鄙的是谁？④最可爱的是谁？⑤对我们有哪些启示？（2）抒情导入。如《春》。师朗诵"好雨知时节，当春乃发生。随风潜入夜，润物细无声"。请学生即席朗诵一首颂春的诗，"千里莺啼绿映红""万紫千红总是春""满园春色关不住"——教师顺势导入："今天我们学习朱自清先生的《春》，请同学们看看是用怎样的笔调，描绘大地回春，万物复苏，生机勃勃的景象。"让学生齐读课文。（3）悬念导入。先出示一副对联："四面湖山归眼底，万家忧乐到心头"，这是哪里的对联？学生低头沉思，师板书：岳阳楼。它同哪两座楼并称江南三大名楼？滕王阁、黄鹤楼。今天我们学习北宋文学家范仲淹的散文名作《岳阳楼记》。（4）多媒体导入。《谁是最可爱的人》，首先播放《英雄儿女》这首

歌，激发学生情感的共鸣，然后让学生跟录音配乐朗读课文。当然，新课导入仅是课堂教学的起始，如果我们能转变教学思路，最大限度地调动学生的学习积极性，让学生参与到新课导入的情境设计中，教学效果肯定会更好。

其次，在课堂教学中，教师要根据所读文本和学生理解程度，积极创设情境，对学生进行正确有序的指引，帮助学生打开思路，张开想象的翅膀，读懂课文。以《项脊轩志》为例，在以往的教学经历中，学生对归有光散文的清淡朴素的特点把握不好。我尝试创设情境，先让学生对项脊轩这一特定的环境即文章中所描绘的景有了一定的了解之后，再让学生理解作者在这种特定环境中产生的特定情感，从而体会到作者归有光的抒情艺术。学生回答问题以后，我让他们掩上书本，听我描述项脊轩周围的环境，让学生感到它的清幽，它的真实。这样学生的感性认识就加强了。接着我就文后第二个、第三个问题与学生进行交流，让学生明白作者之所以要表明项脊轩的清幽、真实，是因为他所要表达的情感也是真实、自然的。作者在文中，主要点到了祖母、母亲、妻子这三个人物。对于这三个人物，作者的白描手法，让她们的形象栩栩如生，如立眼前：一个"望孙成龙"之心令我至今犹记，一个"爱子之情"令我时时回味，一个"陪夫伴读"之情令我难忘。这样学生自然地认识到了，作者对她们的深深的真挚的思念之情。这样这篇文章的教学主旨，学生就完全知晓了。归有光散文的清淡朴素的特点，学生也就直观地感受到了。有些学生课下还就文章的一些问题和我讨论。

第二，设计提问。提问是教师将教学内容转化为学生学习、思考的契机。教师要根据学生的心理特征、阅读水平、阅读规律设计问题，使提问新颖深刻，视野开阔，富于变化，不断激起学生的求知欲好奇心，并引而不发，留有余地，留出时间和空间，引导他们去发现、去研究、去探索。

第三，适时点拨。就是在学生一时"悟"不出的时候，教师随机点拨一下，以让他们恍然大"悟"。比如教学姜夔的《扬州慢》，我在让学生感悟"二十四桥仍在，波心荡，冷月无声"这一句的表达效果时，有意设问："冷月"本来就是"无声"的，作者在此时此处写到"冷月无声"，难道"冷月"在彼时彼处竟有声不成？对于这个问题，学生一时无法感悟清楚。因此，如果这时借用白居易的"别有幽愁暗恨生，此时无声胜有声"来点拨一下，学生也许就会感悟出作者是在借"冷月无声"告诉读者：遭战火洗劫后的扬州城是如此凄凉，作者此时的心境是如此悲凉——一种"凉"意透过纸背，扑面而来。

还有些学习内容，由于和学生的生活经验相距甚远，这就需要教师耐心地引导学生去感悟，有时还要采取一些铺垫。譬如我们感悟"问君能有几多愁？恰似一江春水向东流"所表达的愁绪的时候，不妨先引导学生对江水的特点作一感悟，然后再引导学生感悟"愁"与"江水"之间的关系，最后才让他们真正"悟"出此句的深意：道出愁之深长，愁之不断；以及此句的精妙：将无形之"愁"具体化，形象化。进而，我们还能感悟出后主之词的"粗服乱头，不掩国色"的语言艺术风格。

四年来的探索实践证明，感悟式教学是一种较为理想的语文学习模式。在感悟式教学理念指导下，语文学习变成了快乐的过程、发现的过程和创造的过程。真正决定感悟式教学效果的是学生自读的程度和教师导读的水平，是看这两种"读"同"悟"结合的程度。感悟的基础是读悟。

（本文发表于《池州师专学报》2007年第2期）

上篇 中学语文感悟式教学法的探索

问题设计，是感悟式语文教学的有效抓手

　　我们认为语文课堂教学，是基于文本的教学，因此引导学生正确的"读懂"文本，是进行感悟式教学的前提和基础。作为一种教学方法，"感悟式教学"以引导学生充分感知为前提，以创设情境、让学生深入思考破解疑惑为关键，以获得顿悟为目的。教师创设种种情境，激活学生的思维，使学生由此开始产生听讲的兴趣、想说的欲望、合作探究的心情，为"有感而悟"打下基础；或通过巧妙的课堂设计，让学生在阅读、思考、讨论中有所感触而领悟；或通过品味课本体验生活，打通课内与课外、阅读与写作的界限，使学生能学以致用。在师生互动交流中，问题设计十分重要，可以说，问题设计，是语文课堂教学的实际需要。

　　在课堂教学中，我们主动运用感悟式教学理论，注重学生学习积极性的调动，启发学生主动学习。我们要让语文课堂回归到"学堂"，让学生读书，在教师指导下读书，让他们成为语文课堂的主旋律。我们要给学生充分思考的时间，让学生有时间理解文本，有时间对文本进行个性化解读，有时间进行真正意义的"小组活动"。我们要用有价值的提问叩击学生的思维，导引学生的思考，努力使语文课堂成为学生思维的自由王国。因此，在感悟式语文教学过程中，如果没有有价值的问题设计，教师要导引学生思维便没有抓手；学生的感悟即使会有，也一定会是杂乱的、浅显的；语文课堂将会失去思维的深度；学生很难对文本内容从整体上进行渐进的、立体的把握，学生思维中最为灿烂的创造的"灵光"就很难显现。问题设计不仅可以反映一个教师对文本解读的深度，对教学重点、难点的清楚认识和准确判断，对学生学习能力的细致了解和客观认识，而且，可以大大激发学生的学习兴趣，培养学生的问题意识和良好悟性。一个或一组好的问题，就是帮助学生打开文本的一把钥匙，就是学生与作者之间进行交流的一座桥梁，就是师生之间产生互动的一根杠杆。如果说课堂是一首诗，问题就是课堂的"诗眼"。课堂上有了好的问题，课堂便会充满生命的

活力。

因此，问题设计，不仅是语文课堂教学的实际需要，同时也是感悟式语文教学的有效抓手。那么，问题设计有哪些要求呢？

第一，问题设计要突现问题的中心性。

要紧扣文本内容的中心，把握核心问题的关键。在教学过程中，问题的设计不是随心所欲的，也不能以自己的好恶或审美取向来决定。一定要围绕教学的中心或教材的重点来设计问题。与之无关的，大可放弃；即使从某个角度看，有的问题虽有些价值，也要忍痛割爱。

作为一名教研员，有机会听到不同教师执教同一篇课文。同样是教学《漫话清高》这一课，老师们设计的问题很多，如：你知道许由洗耳的故事吗？对陶渊明的"采菊东篱下，悠然见南山"的行为你是怎样看的？林逋的《山园小梅》表现了他怎样的思想呢？……个别的看，都有价值，都有向学生提出的必要。可仔细分析《漫话清高》这篇文章时，我们会发现这类问题要么偏离教学重点，要么游离作品主题，要么弄巧成拙。因为在这篇文章中，作者谈的是"清高"，他是怎样谈的，他的思想倾向是什么，这些才是我们教学本文的重点。其余的，都是与本课教学中心无关或关系不大的问题，大可不必提出，以免把学生引入歧途。因此在课后研讨时，我们建议课堂教学中可以设计这样两个问题：①本文是怎样谈"清高"的？②作者的思想倾向是什么？设置第一个问题，旨在引导学生感悟本文的行文思路。设置第二个问题，重在引发学生感悟本文主旨。这两个问题弄清楚了，《漫话清高》一文的主要内容就基本掌握了，教学目的也就达到了。

第二，问题设计要体现问题的价值。

我们认为，有价值的问题，指的是那些与教学目的有最直接的关系，最能触发学生思考，最能帮助学生解读文本，且通过思考会得到很多收获的问题。换言之，有价值的问题，它具有明确的指向性、深刻的思想性、较强的趣味性、相对的研究性、一定的开放性。

在教学《为了忘却的记念》一文时，可以设计这样一个问题：既是"记念"，为何又要"忘却"？"忘却的记念"中，包含着作者哪些思想和情感？

这个问题很大，也有一定难度，但能激起学生思考的兴趣。这个问题解决了，对本文基本思想和情感的理解和把握，也就能够得到解决。因此，它的指向性很明确，且在感悟、讨论的过程中，又可仁者见仁，智者见智，具有一定的开放性。

第三，问题设计要把握问题的难度系数。

问题难度太小，一眼便可看穿，或者稍加思索便可明了，这样的问题，不可以在感悟式教学中出现。因为设计这样的问题，不能有效地使学生通过感悟培养思维品质，从而养成较高悟性。相反，问题难度太大，又让学生摸不着边际，因此失去感悟的兴趣。比如，有位教师在教学《锦瑟》一诗时，设计了这样一个问题：从《锦瑟》中，我们可以知道李商隐的诗歌具有怎样的艺术风格？且不说一个诗人的诗风不是一两首诗歌便可完全能够反映出来，也不说在唐代诗人中，李商隐是一个不为大多数人所熟悉的，单是李诗的晦涩、艰深，就令许多专家也对其内涵的理解产生分歧，在课堂上，这样的问题能让学生说得清楚吗？假如一定要让学生说清楚，可以断言，这一定是"别人"的结论，而绝非是学生自己感悟的结果。试问，老师设计问题就是要"引导"学生说假话吗？

这样的问题，作为研究性学习中的一个问题供学生在课后通过进行探究，或许还有一定的价值和作用，但作为课堂上提出的问题，是不大合适的。

第四，问题设计还要注意问题的数量和质量。

一般来说，课堂上的问题设计宜少不宜多，宜精不宜粗。因此，问题的设计要考虑到它的质量和数量。有的教师在上课时，问题满堂飞，可是，稍微推敲一下，许多问题都比较浅显，或者同文本的关联不大。我曾经听过一节公开课，教师的问题像连珠炮，一节课问了32个问题，课堂上热热闹闹的。许多问题都是不需要思考就能回答的。长此下去，不仅不能有效地培养学生良好的思维品质和良好的悟性，相反，还容易助长学生的浮气和躁性。因此，课堂上的问题，一定要精心设计。稍有经验的教师都知道，一节语文课，能够扎扎实实地解决好两三个问题，对学生来说，就是比较大的收获。在进行《雨霖铃》教学时，老师指导学生整体感知全诗，设计了这样一个问题：这首词上下片各写了些什么内容？请用两个四字的短语概括。师生讨论后明确：上片写一个秋天的傍晚，词人和他心爱的人在都门外长亭分别时依依不舍的情景——长亭别离；下片是词人想象别后羁旅生活的情景。——羁旅长愁。问题设计集中于整体把握全诗，学生的思路打开较快，教学效果比较好。

第五，问题设计要体现问题的层递性。

所谓问题设计的层递性，指的就是在一节课上或是在一个教学单元里（如教学一篇课文），教师所设计的问题具有一定的相关性，且几个问题之间在逻辑关系上是层层深入的。因此，对这一组问题的设计，教师就要根据文本内容或教学过程精心布局。

比如，在教学《我的空中楼阁》一文时，不妨设计这样三个问题：①本文线索是什么？②围绕这条线索，文章写了哪些内容？③作者在"我"的"空中楼阁"中寄寓了怎样的思想和情感？这三个问题，从理解的深度上看，三个问题一个比一个深；从问题的答案着眼，它们则分别从这篇散文的"线""形"和"神"这几个基本要素中要求学生对这篇散文有一个从面到点的立体的了解和驾驭。因此，这一组问题不仅具有层递性，而且通过对这一组问题的感悟，学生还可以获得学习散文的基本方法，从而养成良好的思维品质和学习习惯。

总之，课堂教学要精心设计问题。在感悟式教学过程中，问题的设计尤为重要，它是教师导引学生思维的有效抓手。

（本文发表于《学语文》2009年第5期）

导悟，感悟式语文教学的难点

省级课题"中学语文感悟式教学研究"于2002年立项，经过课题组全体成员持续不断的探索、研究，感悟式语文教学积累了丰富的教学实践资料，形成了较为成熟的教学模式，该课题于2006年顺利结题，并于2007年获得安徽省第六届教育科研成果评比三等奖。由于课题切合了当前语文教学的实际，我们一直在教学实践中推广应用感悟式教学模式。在感悟式教学过程中，教师的启发引导，师生之间的情感互动，会引起学生自主选择、自主判断、自主感悟。学生通过这一心理活动过程，会感悟到许多属于他自己的东西，无论它深或浅，具体或抽象，它们都是真实的，贴近学生的生活，体现学生的需要。在具体教学过程中，我们深深地感到：教师的导悟是实施感悟式语文教学的难点。

感悟，顾名思义，"有所感触而领悟"。可见，"悟"是结果，"感"是途径。"悟"有"顿悟"与"渐悟"之分。"顿悟"当然是我们向往的，佛祖拈花，迦叶微笑，多么和谐而诱人的境界！可惜，这种境界可遇不可求。而"渐悟"经过师生双方的主观努力可以实现，这与哲学上讲的"量的积累促成质的转变"是吻合的。在课堂教学中，我们主动运用感悟式教学理论，注重学生学习积极性的调动，启发学生主动学习。我们要让语文课堂回归到"学堂"，给学生充分思考的时间，让学生有时间理解文本，有时间对文本进行个性化解读，有时间进行真正意义的"小组活动"。在学生的学习遇到难度、出现困难时，教师的点拨、启发、引导就显得十分重要。可以说，导悟，是感悟式语文教学的难点。

一、导悟的概念

导悟就是教师对学生的启迪与引导。在教师的引导下，学生的思维、想象、情感等心智活动积极地参与到阅读活动中去，达到对阅读材料的内涵及语言组织形式等方面深层次把握和领会。在感悟式语文教学过程中，我们要用有价值的提问叩击学生的思维，导引学生的思考，努力使语文课堂成为学生思维的自由王国。如果没有教师的导引，学生思维便没有抓手，学生的感悟即使会有，也一定会是杂乱的、浅显的，语文课堂将会失去思维的深度，学生很难做到对文本内容从整体上进行渐进的、立体的把握，学生思维中最为灿烂的创造的"灵光"就很难显现。

二、导悟的原则

感悟式教学把学生看成是学习、认识、发展的主体，教师导引的出发点建立在调动学生的主体性和积极性上。导悟就是一种启发式的教育方式。教师要想发挥导悟的作用，就要发扬教学民主，调动学生学习的主动性，启发学生独立思考，培养学生能力。

首先，导悟要有前提基础。在课堂教学中我们经常发现，教师的教和学生的学不和谐，教师舌灿莲花，学生昏昏欲睡。究其原因，常常怪罪于学生"启而不发"。殊不知，师生之间的相互切磋，教师的点拨、启发、导悟是要把握适当时机的。《论语·述而》指出"不愤不启，不悱不发，举一隅，不以三隅返，则不复也。"汉代郑玄注释："孔子与人言，必得其人心愤愤，口悱悱，乃后启发为之说也；如此则识思之深也。说则举一隅以语之，其人不思其类，则不复重教之。"宋代朱熹注解："愤者，心求通而未得之意；悱者，口欲言而难成之貌；启，谓开其意；发，谓达其辞。"用今天的话说，"愤"就是学生对某一问题正在努力思考，急于求得解决而仍搞不通的心理状态。这时教师就应当告诉学生怎样进行思考，帮助学生打开思路，这就叫作"启"。"悱"就是学生对某一问题已经考虑成熟，但苦于无法表达的心理状态，这时教师应当帮助学生整理概念，用明确的语气加以说明。这就叫作"发"。根据学生的愤悱心理进行启发，这是从正面来说的。从反面来说，就是"不愤不启，不悱不发"，就是说学生对某问题还没有一定的基础知识和要求，教师决不能强行灌输。教育者要抓住启发教育时机，在学生努力想弄明白而不得的程度，或者是心里明白却不能表达出来的程度才去启发他。导悟的前提是学生有了求知的欲望，学生有了学习的主动性，导悟的实施才顺理成章。

其次，导悟要遵循学习的规律，注意把握学习机制，提高学生的学习能力。孔子曾说："言未及之而言，谓之躁；言及之而不言，谓之隐；未见颜色而言，谓之瞽。" 告诫教师要善于把握学生的学习机制，适时进行启发诱导。《学记》是这样阐述的："故君子之教也，喻也。道而弗牵，强而弗抑，开而弗达"。对于学生的学习，教师的责任是引导他们走上正确的道路，而不能牵着他们的鼻子走；要鼓励他们自觉发愤学习，而不能采取强迫的方法；要运用启发的方式打开学生的思维，而不能用现成的结论去代替学生的思考。现代教育家陶行知先生提出了著名的"教学做合一"的主张，"我们要在做上教，在做上学"，"从先生对学生的关系说，做便是教；从学生对先生的关系说，做便是学"。导悟的目的是让学生"悟"，因而导悟重过程的启发，对学生适时进行启发诱导，做到循序渐进，循循善诱。

三、导悟的方法

导悟的方法很多。针对不同的文体，不同的学生，导悟的方法也有所不同。教师要善于创设各种情境，因势利导，让学生在教师的导引中感悟学习的成果。

1.通过诵读导悟。带着感情的诵读能够调动人的情感。通过朗读，理解词语，领悟内蕴，在读中获得情感的熏陶，这才是语文教学的真谛。教学时，可抓住关键词语，通过读来促进领会。教师的导读能使学生将文本的意思与自己的情感结合起来，产生自己独到的理解。在课题组举办的教学研讨课上，余文知老师在教学史铁生的《我与地坛》第二节时，他突出了诵读，可以说是以读促悟的范例。先让不同的学生反复的诵读，然后让他们分别谈自己读时的感受。教师还现身说法，自己读了其中几段，并且谈到当年读中学时因为淘气被学校惩罚，母亲到学校接儿子时泪光盈盈却一句话也不怪罪，只是给自己下了一碗最喜欢吃的面条。天下母亲们的坚忍、宽容，世间最圣洁的母爱，就这样在诵读中被学生们深切地领悟了。这样的导悟要胜过老师几倍的口舌。

2.通过创设情境导悟。在课堂教学中，教师要根据所读文本和学生理解程度，积极创设情境，对学生进行正确有序的指引，帮助学生打开思路，张开想象的翅膀，读懂课文。以《项脊轩志》为例，在以往的教学经历中，学生对归有光散文的清淡朴素的特点把握不好。我曾经尝试创设情境，先让学生对项脊轩这一特定的环境即文章中所描绘的景有了一定的了解之后，再让学生理解作者在这种特定环境中产生的特定情感，从而体会到作者归有光的抒情艺术。学生回答问题以后，我让他们掩上书本，听我描述项脊轩周围的环境，让学生感到它的清幽，它的真实。这样学生的感性认识就加强了。接着我就文后第二个、第三个问题与学生进行交流，让学生明白到作者之所以要表明项脊轩的清幽、真实，是因为他所要表达的情感也是真实、自然的。作者在文中，主要点到了祖母、母亲、妻子这三个人物。对于这三个人物，作者的白描手法，让她们的形象栩栩如生，如立眼前：一个"望孙成龙"之心令我至今犹记，一个"爱子之情"令我时时回味，一个"陪夫伴读"之情令我难忘。这样学生自然地认识到了，作者对她们的深深的真挚的思念之情。这样这篇文章的教学主旨，学生就完全知晓了。归有光散文的清淡朴素的特点，学生也就直观地感受到了。有些学生课下还就文章的一些问题和我讨论。

3.通过提问导悟。如果说课堂是一首诗，问题就是课堂的"诗眼"。课堂上有了好的问题，课堂便会充满生命的活力。一个或一组好的问题，就是帮助学生打开文本的一把钥匙，就是学生与作者之间进行交流的一座桥梁，就是师生之间产生互动的一根杠杆。可以说提问是教师将教学内容转化为学生学习、思考的契机。教师要根据学生的心理特征、阅读水平、阅读规律设计问题，使提问新颖深刻，视野开阔，富于变化，不断激起学生的求知欲好奇心，并引而不发，留有余地，留出时间和空间，引导他们去发现、去研究、去探索。我们一定要克服课堂教学中随意提问的倾向，精心设计问题，在提问角度和难度上多下功夫。我们既不能让问题大得使学生不知怎么回答，也不能让问题平易得学生随口就能答上来。在课堂教学中，"满堂灌"和"满堂问"都是不足取的。

4.通过探究导悟。教材中虽然有不少文史名人的文章，譬如李白、杜甫，譬如苏轼、李清照，譬如鲁迅、巴金，但以往的教学往往局限于一篇篇文章的本身，或浅尝辄止，"只见树木，不见森林"，学生们很难形成一个完整的印象，这样没有系统的学习无疑是浪费了教学资源。能不能使学生养成探索的习惯？他们怎样学会查阅资料？能不能将阅读与写作结合起来？一个个问题困扰着我们。经过调查、实验，我们摸索出了探究性写作的方法。反思起来，主要有两个方面的探究：

（1）资料补充探究，深入理解文本。

中学语文课本所选文章，都可以说是经典篇目。阅读教学时若能引导学生适当补充一些背景资料、事实例证资料、相关的比较资料，必能引导学生全面深入地感悟这些作品的内涵、典型意义及独特"个性"。

如在阅读那些有着特定时代背景或言外之旨的文章时，本着知人论世的观点，适当介绍作家们生活经历、思想历程和作品的创作背景，营造一定的阅读情境，将有助于引导学生领悟文章的特定内涵。如教学《病梅馆记》时，我介绍了清朝科举考试、八股取士、大兴文字狱等时代背景和龚自珍的思想历程。让学生了解人才遭到严重压抑和摧残的事实（如龚自珍），从而引导学生领悟文章言外之旨。

有些文章所述道理概括、抽象，为了让学生有感性认识，可补充一些实证资料。俗话说，有比较才有鉴别。教学苏洵《六国论》，可以补充苏辙、李桢各自写的《六国论》，引导学生比较三人对六国破灭原因、论述角度、论述方法方面的不同，从而让学生领悟到：苏辙和李桢的《六国论》就史论史，纯属史论，而苏洵的却是借论史为现实政治服务，也称政论文，从中我们还可体会到，同样的材料从不同角度分析，会得出不同的结论。

（2）归类探究，建构知识网络。

中学语文教学的一个重要任务是帮助学生构建中学语文的学科知识体系，归纳探究，是个很好的方法。如诗词曲教学，就要善于以所学内容为载体，编织一张严谨有序的知识之网。如①重要作家风格归类。"风格即人。"陶渊明的风格为"质而实绮，癯而实腴"（苏轼语），即平淡背里有风骨；王勃的风格为"壮而不虚，刚而能润，雕而不碎，按而弥坚"（杨迥《王勃集序》），即雄放刚健、柔润绮丽。其他像高适悲壮雄浑，李白豪放飘逸，杜甫沉郁顿挫，王维冲淡空灵，孟浩然淳朴清旷，等等。②常见题材构思归类。如闺怨诗、送别诗、惜春诗、政治讽喻诗、山水田园诗、咏史怀古诗等。以咏史怀古诗为例。其构思格局常为"目睹现状，引发回忆，抒发感慨"，通过对物是人非景象的描写，或抒发世事沧桑、盛衰无常之感，或借古讽今，总结历史教训。李白的《越中览古》《苏台览古》是这样，苏轼的《念奴娇·赤壁怀古》、辛弃疾的《永遇乐·京口北固亭怀古》也是这样，刘禹锡的《石头城》《乌衣巷》还是这样，李商隐的《咏史》同样是这样。③常见表现手法归类。如a.运用比喻，将抽象情感形象化。如"问君能有几多愁，恰似一江春水向东流"（李煜《虞美人》）、"若问闲愁都几许？一川烟草，满城风絮，梅子黄时雨"（贺铸《青玉案》）b.反客为主。杜甫《月夜》只写了妻子"今夜""闺中""独看"，无一字写自己，而自己对妻子、对家人的思念自在不言中。贺知章《回乡偶书》不写自己如何面对故土亲友，只说"儿童相见不相识，笑问客从何处来"。久客返乡，若悲若喜，感触万千的心情通过这一幅小小的生活场景，留给读者意会。无言胜有言，这就是反客为主法的妙处。c.以乐景写哀情。如"映阶碧草自春色，隔叶黄鹂空好音"（杜甫《蜀相》），以武侯祠碧草春色、黄鹂妙音写凭吊者的落寞抑郁心情；"江碧鸟逾白，山青花欲燃"〔杜甫《绝句二首》（其二）〕，以赏心悦目的江山花鸟之景、碧青红白之色写诗人羁旅异乡痛感岁月荏苒、归期遥遥的惆怅迷惘。d.叠景造境。作者选取一组风格相似的画面，通过叠加，渲染出一种深远的意境。这是诗词曲创作中常见的方法。著名的例子有马致远的《越调·天净沙·秋思》、王实甫的《西厢记·长亭送别》（"碧云天，黄叶地，西风紧，北雁南飞"）以及毛泽东的《沁园春·长沙》（"看万山红遍，丛林尽染，漫江碧透，百舸争流，鹰击长空，鱼翔浅底，万类霜天竞自由"）。④常见诗歌意象归类。"月有阴晴圆缺，人有悲欢离合"；雁是候鸟，每到秋末，北雁南飞。诗词曲中"月""雁"常作思乡盼归的意象。如李清照《一剪梅》中就有"雁字回时，月满西楼"，表达了盼夫归来的心愿。莺，形象优美，声音动听；蝴蝶，翩翩起舞，撩人情思。诗词曲中"莺""蝶"常作大好春光的意象。如杜甫《江畔独步寻花七绝句》（其六）就有"流连戏蝶时时舞，自在娇莺恰恰啼"之句。又如杜牧的"千里莺啼绿映红"（《江南春》）、唐庚的"莺边日暖如人语"（《春日郊外》）等。柳、梅、雪、荷、长堤、鹧鸪、兰舟、烟波、寒鸦、冰玉、长亭、斜阳、古道、寒蝉等也都是诗词曲中的常见意象。

感悟式教学模式的实施，使得语文学习变成了快乐的过程、发现的过程、创造的过程。感悟式教学对教师的综合素质提出了更高要求，教师要从学生的实际情况出发，科学、灵活、有效地运用多种授课手段、多方面的知识点来引导启发学生。正确发挥了导悟的作用，就突破了感悟式语文教学的难点。教师是学生学习的激发者、指导者、各种能力和积极个性的培养者，是学生人生的引导者。我们要帮助学生发现其所学东西的价值为学生的学习创设积极的物质环境和心理环境，帮助学生搜集和利用学习资源，帮助学生设计符合其个性的学习方式以达到学习目标，从而使每一个学生的个性得到张扬。

（本文发表于《学语文》2011年第5期）

作文教学要着重引导学生感悟生活

作文教学，写作训练是长期困扰中小学师生的一大难题。作文，作为语文教学的重要内容之一，全体语文教师十分重视；作文，又是中、高考语文学科试卷的重要内容之一，广大学生岂敢忽视。可在具体的作文教学实践中，教师和学生都感到头痛、棘手，作文训练往往成为大多数学生敷衍教师的一种枯燥练习。学生虽然每周都进行作文训练，经年累月，从不间断，但许多学生直到高中毕业也不能体会到"我手写我心"的写作之乐，中高考作文常常被动的依赖"临场发挥"。作文教学师生投入的精力和时间同获得的效果之间形成了很大的反差。因此，我们语文教师了解作文训练的性质，加强作文教学科学性的研究，探索作文教学与训练的规律，对于提高作文教学效果尤显重要。刚刚颁布的"全日制义务教育"《语文课程标准》明确指出："写作能力是语文素养的综合体现。写作教学应贴近学生实际，让学生易于动笔，乐于表达，应引导学生关注现实，热爱生活，表达真情实感。"仔细学习，揣摩这段话，我们深深地感受到：作文教学要打破重知识传授的老框框，要贴近学生的生活实际，追本求源，作文教学要着重引导学生感悟生活。

第一，作文的关键是"作"，是创造。学生写出文章，是创造性劳动，《语文课程标准》指出："写作是运用语言文字进行表达和交流的重要方式，是学生认识世界、认识自我，进行创造性表述的过程。"文贵创新，文贵真情。教师的任务就是教育学生熟练运用祖国语言文字，恰当运用多种表达方式，"我手写我心"，根据特定的情境和要求，创作出文质兼美情真意切的文章来。反思平时作文教学，我们在作文知识传授上下的功夫较多。常常是先将作文教学定"格"，将各种文体的知识和写作要求传授给学生，让学生知道文章"有法"，写文章并非难事，无论什么样的文体的文章均有一些规律性的章法可依，再反复进行写作训练，使绝大多数的学生基本上掌握其中的章法，达到了这个标准后，再鼓励学生大胆破"格"，进入"文无定法""文无成法"的境界。这样教学的结果，学生的作文是"有规有矩"了，但千人一面、千篇一律的情况也就不可避免地出现了，好的优秀的作文就只能是凤毛麟角。久而久之，作文的灵性被扼杀了，学生写作的积极性也被打消了。因此，作文教学要突破知识传授的惯性，在求新求真上做文章，在培养学生创造性思维上做文章。

第二，作文教学的关键是引导学生感悟生活。因为作文教学的任务，不仅是使学生从不会作文到会作文，而且要使学生写出有个性、有创见的好文章，创造的源泉是生活，离开了生活的积累、感悟，作文教学也就成了无本之木。《语文课程标准》指出"在写作教学中，应注重培养观察、思考、表现、评价的能力"，"让学生在写作实践中学会这与作"，确实为作文教学指明了方向。

1.观察生活，积累材料。积累材料是写作的前提，材料来源于生活。学生在写作训练中为什么总发怵？总写不好，总觉得无话可写？排除命题的因素，一个更重要的原因是学生阅读面太窄，接触社会实践少，每天家庭—学校—家庭，生活单调，缺新鲜话语。同时，也正由于他们对客观世界的了解大多来自课本，来自学生和家中长辈的言传身教，他们对客观事物的认识常常是肤浅的，易停留在表象上，对客观世界缺少独特的感悟、体验，在这种情况下写的文章就只能是对客观事物的简单再现和摹写，议论分析常常流于表面，落于俗套。一句话，要让学生乐于写作，写出真情，就必须引导学生观察生活，积累写作材料。首先，我们要培养学生的观察能力。古人说得好，读万卷书，行万里路。在现实社会中，我们必须做生活的热心人，通过观察来了解社会，认识自然。我们要指导学生在观察的同时，写观察日记，日积月累，占有了材料，就不会出现"巧妇难为无米之炊"了。蒲松龄通过二十多年的积累素材，写出了《聊斋志异》；我们的学生走出课堂，到自然中去，到社会中去，面对名山大川，文化胜地，置身于森林田野、草地水边，直观感受大自然的神奇美妙和多姿多彩，怎能不怦然心动，情动于衷呢？其次，我们要培养学生的阅读习惯，所谓"熟读唐诗三百首，不会作诗也会吟"，正是阐明了读书对写作的重要作用。除观察外，中学生还应利用一切时间去有计划有目的地阅读，教科书上的选文只是浩瀚知识海洋中一滴小水珠，要想获取更多的知识，占有更多的材料，就必须将眼光投向课外。我们要指导学生选择好书，用科学的方法和态度去阅读。书籍是人类进步的阶梯，好的阅读习惯，可以使学生突破时空限制，获得丰富的第二手资料。"读书破万卷，下笔如有神"，说的正是这个道理。

2.思考生活，感悟生活。生活是平凡的，日常生活的许多现象也是普普通通，平平常常的，大自然的草木虫鱼更是纯客观的外在事物，似乎无情义可言，那为什么有"感时花溅泪，恨别鸟惊心"之绝唱呢？原来这里面包含了诗人对生活的感悟，诗人的独特体验！新版初中教材收入了沈复《闲情记趣》，试想如果是一个对生活感受迟钝的人，他能不能对蚊蝇、蛤蟆产生情感？还会不会有"童稚之趣"？著名学者朱光潜先生说，"写文章是一种修养，不是一种知识"。作文同学生的生活阅历、思维能力、文化积淀和情感表达等能力是正相关的。正如毛泽东同志说的那样，文章"是一定的社会生活在人类头脑中反映的产物"，教师在作文教学中首要任务就是培养学生的思考能力，引导学生感悟生活。

（1）引导学生热爱自然，让学生到大自然中接受熏陶。在不同的时令，安排学生利用节假日郊游；让山川风光、田园美景陶冶学生的情操，唤起学生对大自然的热爱之情；特别是适时引导学生用联系的眼光看待自然与人，自然与社会的关系；利用自然景观和人文景观的教育、启迪功能，引领学生进入深层次的思考，达到兴味盎然、意趣横生的境界。此时，乘兴作文，肯定会有得意之作。

（2）引导学生关注现实，让学生从身边生活中受到感染。社会生活中时刻都有重大事件发生，热点、焦点问题常常吸引众人的目光，引起人们深深的思索，教师要尽可能地创设情境，引导学生参与社会问题的评议。天下兴亡，匹夫有责，引导学生树立远大理想，造就爱祖国爱人民的情操，时时刻刻，"祖国在我心中"，将学生的思想和笔触真正引向社会生活，只有这样，学生作文才能立意高远，境界开阔。另一方面，学生日常的学习生活又是平凡的，有些情境是司空见惯的，如果老师不提出让他们注意，启发他们思考，诱动他们真情，这些情境也就如过眼烟云了。如去年的国庆节前夕，我带的高三班大部分学生在学校已经住了一个月了，他们是毕业年级，学习任务重，既想回家，又怕回家。我把握到这种心理后，在指导学生作文时，出了一道命题作文《回家》，结果不少同学写出了富有真情实感的好文章！

总之，教师是学生学习的引导者、参与者，在作文教学实践中，写作知识的传授，作文方法的指导，当然是不可少的，但我们不能为了作文而作文，一味硬写。在作文教学中，重要的是想方设法创设适宜的作文情境，引导学生对客观外在世界去"感"，去"悟"，去"有所思"。学生的内心世界一旦获得了独特的情感体验，形成了强烈的表达欲望，那么学生作文的积极性就会大大地提高，作文教学求新求真的目标也就能达到了。让我们记住法国教育家第惠多斯的话吧："教育的艺术不在于传授的本领，而在于激动、唤醒、鼓舞。"

　　　　　　（本文于2002年4月被中国教育学会中学语文专业委员会评为一等奖）

深度解读：再现语文的情趣和魅力

本期名师：朱正茂

青年教师：陶淑文　吴厚明　占淑红

朱正茂：各位老师，大家好！今天我们谈论的话题是语文的深度解读。语文是一门充满情趣和智慧的学科，语文教学要教出语文学科的特色，教出语文的魅力，就需要教师在教学过程中注意两个方面：一是哪些知识是必须教的，哪些是不必教的；二是哪些是需要深入了解的，哪些只需要稍微了解。综合以往的语文教学实际看，我们很多老师在教学过程中，往往只是将教材上或教参上的东西交给学生了事，而这些东西，大多是不需要教师教，学生也能弄明白的。因而，这样的语文课就很难激起学生的兴趣。如何改变这种现状，如何在语文课堂上重现语文的魅力，让学生的思维伴随着语文的深度解读走向深刻，值得我们关注。今天，请大家就这个问题谈谈自己的看法。

深度解读当于无疑处质疑①

课堂教学的高效率与教学方法、手段等因素固然有关，但与教师引导学生对文本进行深度解读，更有着直接关系。

这就需要教师具有智慧和敏锐的目光。而对学生来说，具备必要的质疑意识，勇于并善于质疑，才能在解读过程中求深求精。那么，如何质疑，在哪里质疑呢？我们首先来弄清问题（疑问）的呈现形式。

一般说来，问题有显性与隐性之分，显性的问题，一般难度不大，稍加留心便可发现，如字词的音义，句子的结构，文段的层次等，我们称之为"有疑之疑"。而隐性的问题，是深藏在文本之中的，稍不留神便会从我

———————————
① 本段作者陶淑文。

们的眼皮底下溜走，如文句的内蕴、作品的思想、人物的情感与性格特点、表现手法与技巧等，这些问题，我们称之为"无疑之疑"。

深度解读文本，最需要于无疑之处质疑，即要在无疑之疑中品读出文本的深意，解读出他人所忽略的意味来。

有时候，作者在为人物或事件选择时间或空间元素时，常常匠心独运。尤其在文学作品中，这些元素不仅对塑造人物形象和推动情节发展有着不可替代的作用，而且对作品主题的表达还有一定的暗示意义，可谓意蕴丰富。

举例来说，《林教头风雪山神庙》一文中，作者为什么要将林冲怒杀陆虞候等人的复仇行为安排在"山神庙"这个地方，而不是放在别的诸如镇上、酒店等处呢？从林冲后来将那三个贼人的头颅"结做一处"，"都摆在山神面前供桌上"祭神，以及后来上了梁山等行为看，林冲在山神庙里的行为，颇具"替天行道"的意味，这与《水浒》的主题是一致的。教学中引导学生抓住"山神庙"这个空间元素展开探究，以此为突破口，便可解读出《林教头风雪山神庙》与《水浒传》一以贯通主题。

解读文本还可以通过合理的联想与想象，深解文本中的具体意象，以期有独到的发现。

李清照的《一剪梅》中有这样的句子："云中谁寄锦书来？雁字回时，月满西楼。"课文对这句中的"雁字"是这样注释的："雁字"，指鸿雁飞行的队形，有时像"一"字，有时像"人"字。

这个解释看似没有任何值得质疑的地方。可是，如果我们抓住"雁字"这一意象展开联想和想象，并细心地体味一下，就会发现，这个看似无疑之处，其中却蕴含着许多值得玩味的东西。女词人为什么写的是"雁字"，而不是"雁子"呢？从字面上讲，"雁子"指的就是大雁，而"雁字"，不仅有大雁的意思，而且告诉我们大雁飞行时的姿态（"一"字形或"人"字形），其意义要比"雁子"更加丰富。在李清照的这首词中，"雁字"到底是"一"字形还是"人"字形呢？联系大雁飞行时的状态以及词人所要表达的心情看，这里的"雁字"应该以"人"字为宜。

以此我们推知，李清照的"雁字回时，月满西楼"，可以这样解释："月光洒满小楼，大雁飞回来了，可是亲爱的你——我的'归人'，现在何处呢？"一种深切的相思和孤寂便深藏在这"雁字"之中，如果我们不能对"雁字"这个意象展开联想和想象，并进行深层解读，便难以读出女词人对丈夫的热切思念以及思而不见、欢会无期的悲叹和哀怨！

宋代著名学者陆九渊说过："为学患无疑，疑则有进；小疑则小进，大疑则大进。"苏格拉底也认为，问题是接生婆，它能帮助新思想诞生。

确实，我们在解读文本时，需要有质疑意识，哪怕前人对某个问题早有定论，我们也不妨斟酌一番。也许，就在我们有意无意地咂摸中，就能咂出一番新意和深意来。深度的解读，不可忽视这种在无疑处质疑、在咂摸中品味的个性化解读。

深度解读重在突破难点①

深度解读文本，还要善于引导学生破解文本阅读中的难点。

在阅读教学中，把握文本重点，感悟文本美点，一般做得比较好。而破解文本难点，历来是阅读教学中最薄弱的一项。阅读中的难点，是作者的人生感悟与思想认识，是文中的"理趣"。

要突破文本解读中的难点，教师就要善于引导，善于从知人论世入手，联系作者身世背景和文本中的重要信息进行综合分析。比如，《兰亭集序》描述兰亭雅集的盛况，前一部分写良辰、美景、赏心、乐事，对此教师和学生多有自己的感悟，也容易理解。后一部分侧重议论与抒情，表达作者对人生的思考，谈到自己对生与死的认识，提出了"一死生为虚诞，齐彭殇为妄作"的主张，情感基调悲伤惆怅。如何理解作者的生死观，如何理解全文乐中生痛又由痛而悲的情感，成为深度解读的难点。要想突破此难点，就要知人论世，联系作者身世背景和文本中的重要信息进行综合分析：一是论世，让学生了解东晋名士崇尚老庄，大谈玄理，不务实际，"一死生"的时代风流；二是知人，让学生了解作者虽也善清谈，却与一般谈玄文人不同，他驳斥"一死生——齐彭殇"，标示着中国文人生命意识的觉醒；三是梳理出文中之"乐"与"悲"，如：乐时令、乐群贤、乐山水、乐酒诗，悲兴尽而良辰不再、悲追求欢乐而厌倦欢乐、悲新旧易变而生命渺小，从而让学生明白文章叙"乐"而张扬生命意趣和自由个性，叹"悲"进而追寻人生命运和宇宙天道。叙"乐"是尽情尽兴讴歌生之欢快，叹"悲"是庄重严肃地阐发生之意义。一乐一悲，亦乐亦悲，相得益彰而各尽

---

① 本段作者吴厚明。

其妙。

阅读中的难点，还表现为作者渗透在字里行间的形象与情感，因其思维的深刻性与灵动性给学生阅读带来了困难。要突破这一难点，可以从细节入手，借助联想与想象，在生活真实与艺术真实中把握形象与情感。

例如《项脊轩志》中有这样一段文字："余既为此志，后五年，吾妻来归，时至轩中，从余问古事，或凭几学书。"

这段文字用语平淡，却深情有致。但学生对文中表达的情感因缺少切身的体验而难以理解。教学中可以引导学生抓住"从余问古事"和"凭几学书"这两个细节人手，展开联想与想象，想象人物的衣着打扮与举止动作、欣赏的眼光和困惑的神情、说话的内容、语气以及内心那种娇嗔与甜蜜等，将文字背后的东西充分地挖掘出来，让学生直观地理解归有光记忆中的温馨浪漫和现实中的萧条冷落，明白在其平淡文字的背后掩藏着悲情。

解读文本，还有一个不可忽视的着力点，那就是在阅读中训练与强化各种能力。但能力训练总是难以找到合适有效的形式，能力训练实际上也是文本解读的难点。

如"霸王别姬"选自《项羽之死》，故事情节丰富，人物形象鲜明，教学中，我以语言表达训练为中心，设计三种解读方法：一是译文；二是讲故事；三是用文学语言来描述。这三种方法各有长短：第一种难有新意，第二种过于宽泛，第三种比较规范并有创新的空间。课堂上通过我的点拨，就有学生这样表述：

寒风萧萧，楚歌阵阵。虞姬和项羽对坐帐中，无语。虞姬斟满酒，项羽接过一饮而尽；虞姬又满满地斟上一杯，项羽依然一饮而尽。外面喊杀声越来越近，可项羽注视着虞姬，一言不发。虞姬晶莹的泪光中射出无限哀怨，"大王，你快走啊！"项羽闷在那儿，仿佛一尊雕塑……冷不防，虞姬拔出项羽的佩剑，自刎，倒地！项羽惊呆了，摔碎酒杯，抱起虞姬，一步，一步，向帐外走去……

我又将上述的表述与原文对照，让学生易于领会《史记》语言与现代汉语在语言风格、词语选择、句式选用以及情感抒写上的不同，从而有意识地突破语言训练的难点，将文本阅读引向深入。

深度解读而不过度①

语文教学固然离不开深度解读，但过犹不及。如奉劝愚公与其移山不如移民，谴责"父亲"爬月台是违反交通规则等，这些都是对文本的误读。而朱熹将《关雎》定为后妃之德，更是过度解读的千古笑柄。我认为，教学中要做到解读不过度，应做到以下两个方面：

（一）深度解读应是客观的，要符合作者的本意、时代的特征

符合作者本意、时代特征的解读，是对文本作者作为创作主体的尊重。经过时间淘洗的经典文本几乎都有完全不同于我们现在的语境和读者对象，正如倪文锦教授所言"杜甫的诗不是直接写给我们当代人看的，莫泊桑的小说也不是直接写给中国人看的"，所以师生的深度解读应该是以对作者本意的理解、对时代特征的深刻体认为前提的。比如对《长恨歌》主旨的理解，有学生认为白居易倡导"文章合为时而著，歌诗合为事而作"的文学主张，并写作了大量直面现实、讽喻时事的讽喻诗，因此，《长恨歌》的主旨是讽喻玄宗重色轻国。此论虽有知人论世的成分，却未免胶柱鼓瑟，须知诗歌开篇对"汉皇重色思倾国"的批评不能掩盖后半部对二人忠贞不渝的真挚感情的赞颂。因为作者年轻时曾与一姑娘相爱，但碍于门第，不能携手。写此诗时，作者才三十五岁，可以想象当时流传民间的李、杨二人"上穷碧落下黄泉"的美丽传说，是怎样深深打动了有类似经历的作者，于是他热情讴歌真挚爱情，也是借这个故事为自己那段无果而终的青春故事献上一曲缠绵的挽歌。正如日本学者下定雅弘所言，深刻的爱情是《长恨歌》的特点。

再如，《如梦令》中李清照问的"海棠"而非其他花草，不仅仅是因为桃李之类没有绿肥红瘦的效果以及词作格律的需要，更是因为词人喜欢晚唐韩偓，此词灵感来自韩氏的《懒起》中的"昨夜三更雨，今朝一阵寒。海棠花在否，侧卧卷帘看"。所以文字不是无情物，作者更是有情人。

深度解读一定要和作者这个活生生的"人"进行贴心贴肺的交流，联系特定的写作心境，再现真实的思想感情。仕宦出处、师友渊源、个性特征、审美旨趣等都会在一定程度上决定文本的意义指向。因此深度解读绝

---

① 本段作者占淑红。

非仅仅依据作者身世经历，作简单的概念化的贴标签式的知人论世。据此可知《故都的秋》中的"清、静、悲凉"不仅仅是时代的阴霾在作者心里的投影，还是作者在那个年代政治失意、经济困顿的折射，更是作者"静的文学"的审美观、特定的审美趣味的体现。

（二）深度解读要符合文本的客观

文本一旦被创作出来，它就是独立存在的个体，它可以摆脱作者的阶级、地位、见识等种种束缚，在师生的个性化解读中获得新的生命。因此，深度解读也一定要契合文本的整体价值取向，符合文中人物身份、地位、性格发展的必然规律。

如《林教头风雪山神庙》的结尾部分，写林冲手刃仇人之后，穿白布衫、吃冷酒的细节。教学中引导学生深入思考这个"白"和"冷"字，可谓意味无穷："白"，即"白衣""白丁"，与之对应的是"朱绂""官宦"；穿"白衣"，表明从今往后，林冲脱下官袍，绝意仕途，不再受朝廷束缚，不再受上司欺压，走上一条与以前"食君禄、忠君事"截然相反的人生之路——落草江湖、替天行道；与"冷酒"对应的是"热酒"，热酒是林冲置身草料场的唯一的慰藉，但上司的赶尽杀绝，朋友的背信弃义，家庭的名存实亡，使林冲这个热血男儿赖以存身的事业、友情、家庭化为乌有，此时的他，一定冷彻心扉。在漫天的大雪中，一身白衫的林冲，留给我们的是踽踽独行的背影，是英雄穷途末路的悲凉、走投无路的迷茫！这样的解读未必就是作者的原意，却符合《水浒》中林冲性格的裂变和全书"官逼民反"的主旨。

由此看来，深度解读更多的时候似乎是主观的，但这个主观应是有限的主观，是对作者以及文本作为一个独立个体这个客观的最起码的尊重。因此，深度而不过度，正是我们解读文本需要遵循的原则。

朱正茂：刚才，老师们就教学中文本的深度解读问题，结合自己的教学实践进行了交流，这些可贵的认识和做法对语文课堂教学具有一定的指导意义。深度解读文本方法很多，需要我们教师具有智慧而敏锐的目光，善于于细微处甚至是无疑处发现文本中隐含的一些信息，而这些信息对我们正确而深刻地理解文本具有窥斑而知豹的作用。除了疑点之外，文本所有的创作空白即作者"笔所未到，意有所忽"之处，也都可成为我们质疑探究深度解读的抓手。

比如在引导学生破解文本阅读中的难点时，可以采取还原语境的方式，充分利用上下文探查作者写作或故事演绎的时间、场合、心态等。这也是在填补空白，以生成"象外之象""言外之意"。

这里我要提醒大家注意，文学类的文本是以超越现实功利和美的情感为其特征的，它本不是"真的知识""善的说教"，而是一种美的熏陶，文学类文本的深度解读离不开审美的体验、愉悦的享受，相信大家在教学中已经有所体会。

一篇文本到底要表达什么观点，"一千个读者就有一千个哈姆莱特"则为"能指"。清代词学家谭献在《复堂词录》中曾提出"作者之心未必然，而读者之心何必不然"。这种比较开放的阐释思路赋予了读者理解作品时可以超越作者意义的权利，极大地激发了读者的主观能动性。但一千个哈姆莱特还是哈姆莱特，他不能是麦克白、李尔王。这就要求我们深度解读文本时，在尊重作者的同时尊重文本客观。尊重作者原意而不固于作者束缚，重构文本意义而不背离文本客观，这样的深度解读一定会给语文课堂带来活力，让语文课堂大放异彩。

（本文发表于《中学语文教学》2010年第4期）

语文课堂要引导学生发现美欣赏美

《普通高中语文课程标准》规定："高中语文课程应进一步提高学生的语文素养，使学生具有较强的语文应用能力和一定的审美能力、探究能力，形成良好的思想道德素质和科学文化素质，为终身学习和有个性的发展奠定基础。""语文具有重要的审美教育功能，高中语文课程应关注学生情感的发展，让学生受到美得熏陶，培养自觉地审美意识和高尚的审美情趣，培养审美感知和审美创造的能力。"中共中央、国务院《关于深化教育改革，全面推进素质教育的决定》指出："美育不仅能陶冶情操，提高素养，而且有助于开发智力，对于促进学生全面发展具有不可替代的作用。"中学语文课本的选文荟萃了古今中外的名篇佳作，我们广大一线语文老师一定要在新课程的理念指引下，发挥主观能动作用，牢记叶圣陶先生"教材无非是个例子"的教导，创造性地使用教材，在语文教学中充分发掘每一篇选文的美育因素，结合学生的思想实际增强美的教育，从而陶冶学生的道德情操，开发学生的智力，让学生每堂课都获得审美享受、审美教育。

课程改革虽然启动多年了，由于受到高考指挥棒的影响，教师上课更多的还是注意知识点的传授，注重分析讲解，注重提高学生的应试能力，因而常常把一篇课文分析得支离破碎。就拿《荷塘月色》来说吧，这是高中语文课本中的经典篇目，选编在必修教材第二册。朱自清先生文笔优美，月下的荷塘静谧美好，荷塘上的月色素淡朦胧，作者的情绪也随着景色的变化而发生变化。听课中常见的是老师在带领学生朗读课文、整体感知课文之后，就把主要精力放在引导学生感悟文章优美的文句上，品味这些优美的句段所蕴含的情感，再接下去就是仿写训练，或者是拓展迁移练习。如：（1）"微风过去，送来缕缕清香，仿佛远去高楼上渺茫的歌声似的。""塘中的月色并不均匀；但光与影有着和谐的旋律，如梵婀玲上奏着的名曲。"——这两句就使用了典型的通感的修辞手法，将听觉的声音转化为视觉的形象。（2）"月光如流水一般，静静地泻在这一片叶子和花上。""弯弯的杨柳的稀疏的倩影，却又像是画在荷叶上。"——这两句的共同点是精心选用动词，增强了文章的表现力。（3）"曲曲折折的荷塘上面，弥望的是田田的叶子。叶子出水很高，像亭亭的舞女的裙。层层的叶子中间，零星地点缀着些白花，有袅娜地开着的，有羞涩地打着朵儿的；正如一粒粒的明珠，又如碧天里的星星，又如刚出浴的美人。"——大量叠词的使用，比喻，博喻。

当然，这些点确实要讲，确实是文章的美点，如果把侧重点只放在这些点上，我觉得语文课就上成了阅读与理解的练习课，语文课的阅读欣赏特点、美育熏陶功能就没有得到发挥了。

朱自清先生描摹荷塘月色，可以说绘形绘声绘色，但这是作家的审美体验；学生阅读这些文字，见形况味，闻声见色，则是对审美客体的间接审美体验。为此教师不能忽略利用这些审美体验对学生进行审美教育，课堂上教师的着眼点不是讲授作者写得如何好，而应该是引导学生发现文章的美，并正确欣赏美，让学生在美的熏陶中丰富人文素养。具体说来，我们引导学生学习这篇课文，着重引导学生发现文章的四重美：一重美——欣赏景色美：本文描写景物，将描写荷塘与描写月色结合起来，荷塘，是月下的荷塘；月色，是荷塘上的月色，突出了优雅、朦胧、幽静之美。二重美——品味语言美：朱自清先生的散文语言一贯有朴素的美，以本文而论，作者不用浓墨重彩，画的是淡墨水彩。适当运用一些有色彩的词语，但更多的是运用比喻，启发读者的联想和想象，使画面中的色彩淡中有浓。三重美——体会结构美：文章名字是"荷塘月色"，开篇并没有写荷塘美景，先说了"心里颇不宁静"，心想荷塘，欣然前往，"我悄悄披了大衫，带上门出去"。文章结尾写"我轻轻推门进去"，正好形成呼应。虽然经历了一场灵魂的净化，中间波澜迭起，但都在"轻轻的"和"悄悄的"情境中进行，与荷塘月色的幽静、朦胧的气氛是和谐一致的。文章结构上呈现出回环婉曲之美。四重美——感悟人格美：结合文章的创作时代，知人论世，朱自清因为"宁可饿死，也不吃救济粮"，毛泽东称赞他"表现我们民族的英雄气概"。抓住文眼"这几天心里颇不宁静"，体会作者情感的起伏变化，让学生受到情感的熏陶，感悟到朱自清先生的人格高尚、正直，那么我们在讲授这篇课文时就要把文章重点描写荷塘月色的第四、五、六段放到全文中间去，这样我们就能体会到风景虽美，朱自清先生的人格更美。

写景的文章如此，写人的文章呢？中学语文课本里选了不少表现人物形象美的作品。学习这类文章，对正面人物的美学生比较容易理解，像鲁迅先生曾说过："我们从古以来，就有埋头苦干的人，有拼命硬干的人，有为民请命的人，有舍身救法的人……这就是中国的脊梁。"在他们身上，闪耀着民族英雄主义和革命英雄主义的夺目光辉。如文天祥的"人生自古谁无死，留取丹心照汗青"的铮铮傲骨；闻一多"前脚跨出大门，后脚就不准备再跨进大门"的视死如归；苏武留胡十九年，"富贵不能淫，威武不能屈"的忠贞爱国；等等。哪一个不洋溢着为崇高理想而斗争的精神之美呢？这是民族和革命的英雄主义精神，表现了民族危难之际志士仁人"我以我血荐轩辕"的崇高与壮烈。在教学时，教师通过情感的激发，给学生插上联想和想象的翅膀，通过联系现实生活，让学生充分体验，引起强烈的共鸣，革命英雄主义的精神也就潜移默化地陶冶学生的心灵。

但是人物形象的美是复杂的，特别是面对一些"丑"的形象也要感受出它的美来就更难了。像契诃夫的《装在套子里的人》、果戈理的《守财奴》、鲁迅的《祝福》等，这些文学作品刻画了"套中人"别里科夫、"守财奴"欧也妮-葛朗台和被封建礼教迫害的"祥林嫂"等艺术典型，学生对这些人物形象的把握肯定有一定的难度，在教学中就需要老师引导学生发现美，欣赏美。比如对别里科夫"套中人"的本质揭露是美的，对葛朗台守财奴的"人生就是一场交易"的剖析也是美的，对祥林嫂悲惨命运的刻画更是最大的艺术真实……这种阅读作品产生的精神上的愉悦、思想上的教育以及与写作中的情景产生共鸣的现象，就叫作艺术欣赏。因此，在语文课教学上，教师尤其要善于诱发学生的审美情感，使学生的情感与作品中的情感产生这样或那样的共鸣，完善欣赏美的活动，否则，是无法实现美育的。就拿《祝福》来说，我曾经听过这样一节课：教师在让学生整体感知课文、了解主要情节后，提出了一个问题："祥林嫂是怎样死的？"问题提出后，学生反响强烈，众说纷纭，有的说"老死的"，有的说"穷死的"，有的说"饿死的"，有的说"自杀的"。还有的学生胡乱联想说"没有死"，实际上是到别的地方流浪去了。毫无疑问，学生此时的审美情感与作品所表达的情感还有很大一段距离。原因是中学生知识积累和审美经验还不能理解那个时代的生活，也无法一下子理解祥林嫂的形象意义。此时教师的作用便是启发指导，通过对文本的解读，抓住小说的肖像描写、语言描写、动作和心理描写，帮助学生读懂文章。当时，那个老师就让学生集中精力思考这样一些问题：作者对祥林嫂作了几次肖像描写？其中重点描写了什么？几次对比描写说明了什么？学生抓住关键来理解就能认识到："亡夫丧子"并未使她濒临绝境，真正使她绝望的是她不惜代价捐了门槛后，仍然不能视为"正常人"这件事。具体有鲁四老爷的谩骂，柳妈的"好心"规劝，"我"的"说不清"的回答，等等，经过发掘探讨，学生的情感因素激活了，一致认同祥林嫂死了，而且是封建礼教吃掉了祥林嫂。当老师在大屏幕上投影出著名作家丁玲的评论"祥林嫂是非死不行的，同情她的人和冷酷的人，自私的人，是一样把她往死里赶，是一样使她精神上增加痛苦"作结时，学生发出了由衷的感叹，丁玲的见解太精辟了。在这节课上，教师就很好地起到了启发学生思考、引导学生发现美欣赏美的作用。

　　当然，我们也应该注意到艺术欣赏是个复杂的过程，欣赏作品是仁者见仁的活动。正所谓"一千个读者就有一千个哈姆莱特"。因为任何一种艺术欣赏，都是由欣赏者与欣赏对象这两个方面构成的。在艺术欣赏中，始终受到欣赏者主客观条件的限制：艺术爱好的不同、审美能力的高低、情感世界的差异等。正因为这样，教师在指导学生欣赏作品美的时候，除了在关键问题上基本一致外，还要注意发挥学生的审美个性，切不可强求一律。

　　苏霍姆林斯基曾经说过这样一段话："我认为，整个教育体系的重要目的在于：学校要教人学会在美的世界里生活，使没有美就不能生活，让世界之美创造出人本身之美。"学校美育就是要培养学生感受美、欣赏美和创造美的能力，培养他们丰富而高尚的感情和崇高的精神境界，使学生成为按美的方式生活的人。只有这样，学生日后才会成为有益于社会的人。为此，学校教育"要用美来塑造现代人"，语文课堂必须成为师生美育的园地，语文教师要在学校美育中承担起应有的责任。

（本文发表于《学语文》2016年第5期）

谈谈高三语文复习的问题与对策

在考点的门口，考试结束的铃声响了，考生陆续走出了考场。我听到了这样的对话："没想到是命题作文，你呢？""是啊，我们老师也说可能会是新材料作文。""唉，语文复习——"是啊，语文复习的效果历来难如人意。学生学习很认真很辛苦，教师教学很敬业很辛苦，但是高考的成绩往往不理想。付出了辛劳，没有得到相应的收获，学生学习语文的积极性往往受到挫伤，也让一些学生产生畏难情绪。这是什么原因呢？

高考又结束了，仔细回想一年来的备考复习，我发现了这样一些现象，这是否是问题的症结所在？一是在语文总复习阶段，我们的老师注重研究课程标准，注重研究考试说明，注重研究历年高考试题，虽然也研究学生的学习，但大多是泛泛的，复习指导都是"面向全体学生"，因而，一个老师带了两三个班的课，一个学校有一二十个平行班，但是，复习进度一致，选用资料一致，复习重点、难点一致。二是多年来一直坚持的复习课教学"要依纲扣本"，近年来有了偏颇，"纲"是抓住了，"本"在发生偏移。"本"是什么？现在复习课教学扣的"本"不再是课本了，而是"资料"。所以在复习课的课堂教学中很难看到教师带学生温习课本，甚至在学生的课桌上都难以看到课本了。三是以考代练，作业考试化。综合复习阶段常见的模式是"考试—评讲—考试"。不仅如此，训练与复习不同步，单项训练少，综合训练多，这些现象也是普遍存在的。四是复习课教学常常是教师一人讲到底，满堂灌现象比比皆是。五是作文复习被边缘化，口头上重视作文复习与训练，实际上越到高三，尤其是复习的后半阶段，作文训练被丢到一边，学生做大量的综合训练卷，但是作文因时间不够就被集体放弃。这些现象的存在，概括起来是两个问题：一是复习课讲什么，复习课以什么为依据；二是复习课如何上，什么样的复习课效果好。

暑假就要开始了，各级教研部门都要安排教研活动，学校也要在假期组织教师开展校本教研活动。我们是否可以在下面两个方面动点脑筋，做一些工作，切实转变语文复习课教学的现状，提高复习效果。

一是在复习课讲什么的问题上，要真正落实"依纲扣本"，回归教材，回归课本。我们不反对使用复习资料，但不能丢掉教材。重视教材复习，使学生牢固地掌握必要的基本知识和技能是高三阶段语文复习的首要目的。要在短短的两三个月时间里引导学生将中学阶段所学的知识系统化，清除过去学习中存在的障碍，我们必须重视发挥教材的示范作用。第一，复习迎考，应着眼于提高学生运用知识的能力。高考是选拔人才的考试，考试内容以《语文课程标准》为依据，考题虽取自课外，但其涉及的知识则全部可归结到现行教材所构成的知识系统中，它不仅仅检测学生掌握知识的程度，更重要的是要检测学生运用知识的能力。因此，组织学生复习迎考的着眼点在于提高学生运用知识的能力。第二，大海捞针培养不了能力。记得乌申斯基这样说过："智力不是别的，而是一个组织得很好的知识体系。"大家都知道，智力是人们借助已有知识经验认识事物和解决问题的能力，人们的知识越丰富，越系统，其分析问题、解决问题的能力就越强。我们有些学生和教师以为多做习题，尤其是多做不同类型的习题，就可以培养自己的应试能力。诚然，通过一系列大训练量的练习，是可以提高学生的解题速度，甚至可以训练一些解题技巧，也能发现一些疑难问题，而教师的讲评确实能让学生补漏、释疑，但是我们要看到，此时教给学生的仍是零碎的知识，它往往形成不了真正的独立的解题能力。否则怎么会出现这样尴尬的情况：这次考试学生出了这样的错，教师讲评后，下次测试还会照样出错！这恐怕不能简单地归结为学生上课不听讲吧。弃教材于不顾，到题海中捞针，耗时费力，殊不足取。第三，教材是培养学生运用知识的能力的可靠依据。教材的选录课文是经得起各方面检验的各种文体的典范，每单元的知识短文和训练则包含了语文学科听、说、读、写的全部知识要点，编者在编写教材时已经将整个语文知识体系按由浅入深，由简单到复杂的顺序融汇成一体，可以说中学语文课本是广大中学吸收语文知识的一个最重要最直接的来源，是培养中学生对各种文体的阅读能力和写作能力的重要范本。第四，复习教材，要在知识和能力的结合上下功夫。毋庸讳言，过去我们在复习教材的方法上也存在着不尽如人意的地方，甚至还有认识上的偏差，复习教材的目的不准确，因而出现了种种不适当的复习方法，诸如印发复习提纲，根据教材编写应付考试的练习题，甚至照本宣科，只是重讲一遍而已，从而挫伤了学生复习教材的积极性。我们要认真学习《语文课程标准》，学习《考试说明》，在指导学生复习教材的过程中，始终把帮助学生建立起一个完整的语文知识体系，全面提高学生对语文知识的理解和运用能力放在第一位，复习课教学必须在知识和能力的结合上下功夫。一句话，我们既要入得教材，又要出得教材。要选准课本的切入点，寻找突破口。实践证明，单元整体复习、比较鉴赏复习、文体归类复习等都是行之有效地复习方法。譬如我们顺着文体归类的思路，以每单元的"基础知识"为线索，就可以把中学阶段的语文知识全部串联起来，从而纲举目张，教材复习就会使学生感到头绪清晰，事半功倍了。

二是在复习课如何上的问题上，要真正转变教学理念，调动学生的学习积极性，在有效教学上做文章。语文复习不能简化为"考试—评讲—考试"的模式。课程标准明确提出"语文教学是学生、教师、教科书编者以及文本之间的多重对话，是思想碰撞和心灵交流的动态过程，课堂教学中的对话和交流，应指向每一个学生的个体"。要提高复习课效率，首先从转变教学理念抓起。我们要发挥学校教研组和年级备课组的作用，组织教师集体学习新课程的教学理念，引导教师转变教学思想，牢固确立有效教学的理念，从而达到规范教学行为的目的。中学阶段要给学生的一生学习和生活打基础，重点是让学生建立起完整的学科知识体系，培养学生独立自主的学习能力。在新课程理念下，教学过程是师生交往的过程，学生学习的过程，是学生个体主动建构知识体系的过程，不是被动接受的过程。建构主义认为，学习不是知识由教师向学生的传递，而是学生建构自己的知识的过程，学习者不是被动的信息吸收者，相反，他要主动地建构信息的意义，这种建构不可由他人代替。建构主义强调，学习者并不是空着脑袋走进教室的，教学不能无视学生的这些经验，另起炉灶，从外部装进新知识。因此特别提倡自主、探索、合作的学习方式，让学生成为学习的主人。其次从备课抓起，要利用假期组织教师集中备课，按照"三定备课"的模式，定课题，定主备人，在规定的时间里分头备课，然后由主备人召集交流，不断提高备课质量。在备课环节，要引导教师重视两点：一备考纲，二备学生。备考纲，主要是解决复习的方向和目标。这一点大家都比较重视，落实也比较好。备学生，说都说到了，做起来还有差距。第三，要求制定实施个性化复习方案，真正提高学生的语文能力。目前导致复习课教学效果不好的一个重要原因就是对学情分析不够，复习指导不能做到因材施教，不能实行个性化指导。虽然说统一复习十分重要，教师按照统一的复习计划，精讲精练，总结学习规律、方法和技巧，可以帮助学生整体提升语文学习能力，但是尊重学生个体差异，实施分层教学和个性化辅导，却能够让每一个学生都能实现最大程度的发展。同样是训练，如果是统一复习模式，那就是全体学生在规定时间里按照老师统一要求做相同的试题；而个性化复习指导则是学生按照自己的复习方案，根据自己的复习进度与侧重点，自主选择相关试题，可以重点突破，对于老师统一发放的试题可以自主选择做与不做。这样可以提高学生复习的积极性和针对性，复习的效果当然会得到提高。

过去，我们在复习课教学中对教学的有效性关注不够。在教学管理中我们过多地强调了教师要敬业，要带领学生全面复习教学内容；过多地强调了学生要刻苦，要不折不扣的完成老师布置的学习任务。我们应该认识到，复习课教学有没有效益，并不是指教师有没有教完内容或教得是否认真，而是指学生在老师的指导下有没有学到什么。如果学生不想学或者学了没有收获，即使教师教得再辛苦也是无效教学。同样，如果学生学得很辛苦，但没有得到应有的发展，也是无效或低效教学。因此，学生学习有无进步或提高是衡量复习课教学有没有效益的唯一指标。复习课教学，需要我们做到"脑中有课标、有考纲，胸中有教材、有文本，眼中有学生"，需要我们关注每一位学生，需要我们在组织统一复习的同时制定并实施个性化的复习辅导方案。我们相信，只要真正提高了学生的语文能力，就一定能实现语文高考的大丰收。

(本文发表于《学语文》2008年第4期)

让语文课堂活起来

新一轮基础教育课程改革正在如火如荼地进行，我们要站在时代的高度，树立强烈的责任感和敬业精神，努力提高自身素质，积极投入到课改中。新课改要求教师转变教育教学观念，转变角色，改变过去的教学模式，其中有一条就是要求教师平易近人，不再是过去的板着脸的孔夫子，而是面带微笑的年长者，是学生的兄长或朋友；也就是在课堂教学中，教师要有亲和力。只有教师有了亲和力，语文课堂才能活起来。

一、语文教师要有亲和力

教师要有亲和力，语文教师更要有亲和力。因为语文学科具有很强的人文性，是和人心灵直接对话的一门学科。语文教学就是教师利用文本与学生进行心灵对话、感情交流的教学活动。在这活动中，如果教师具有亲和力，那么就能给学生以向心力、感染力。有了这种力量，学生对教师就产生了亲切感、信任感，就能极大缩短师生之间的距离，课堂气氛就活跃了，课堂教学效果也会明显提高。为什么刚走上讲台的年轻教师教学效果好于一些教学经验丰富的老教师，其中一个重要原因就是年轻教师在课堂上比老教师更有亲和力。亲和力在语文课堂教学中有重要的作用。

1.有利于教师教学。

教师在课堂上有了亲和力，就不再是居高临下，板着面孔，认为自己无所不能无所不晓，自己所讲的都是真理，而是会和学生平等交流，共同研讨探究。这样，教师不再有思想负担，能够解放思想，放开手脚，心情愉悦舒畅进行教学，课堂教学中就有热情，显得很轻松，感到快乐，这样就能激活教师的思维，发挥教师的创造性才能，能够改变教态教法，激发学生学习兴趣，创造出一种愉快的教和学的课堂气氛。

2.有利于调动学生的学习热情。

课堂上教师有了亲和力，学生对教师便有了亲近感，在教师教学热情的调动下学生就有了学习的兴趣。俗语说，兴趣是最好的老师。有了兴趣学生就产生了求知的欲望、学习的动力，学习效果就明显提高。

3.有利于培养学生创新思维。

中学生处于思想最活跃时期，情感丰富，对未来充满美好的向往。教学中，教师放下架子，有了亲和力，与学生处于平等地位，为他们提供了充分自由的思想空间和选择空间，为学生营造了一种安全的教学气氛，学生敢于提出问题，敢于怀疑，只有在这种氛围环境中，才能培养出具有创新思维，创新精神的人才。正如江泽民所说："每一所学校，都要爱护和培养学生的好奇心、求知欲，帮助学生自主学习、独立思考，保护学生的探索精神、创新思维，营造崇尚真知、追求真理的氛围，为学生的禀赋和潜能的充分开发创造一种宽松的环境。"（《江泽民文选（第2卷）》）

二、让亲和力走近语文课堂

首先，教师角色要转变。新一轮课改要求教师角色进行转变，由传统的师长变成学生的平等者、对话者。课堂教学中教师不仅是指挥者，组织者，也是参与者，课堂是教师与学生平等交流的平台，交流对文章的欣赏，对语言的感悟，对人生的看法，师生共同分享对方的思维成果，尤其学生可以分享到你的知识、情感经验、能力等，真正做到师生互动。师生共同学习研讨为学生创新思维的培养留下了空间，把自主学习发展机会留给了学生，学生敢于发表见解，自由想象创造，从而热情地汲取知识，发展能力，形成人格。此时学生眼中的老师不再是令人望而生畏高高在上的师长，而是一位可亲的学习上的参与者、引路者。

其次，改变课堂教学方式。传统教学，教师教学生听。教师教学有固定的模式，教师先在备课笔记上事先备好这一堂课的所有环节及内容，上课时严格对号入座，更有甚者干脆照本宣科，这就束缚了教师手脚，缺少激情，也就是缺少生气，教师在课堂上没有一点临时发挥，即兴表演。整堂课，教师牵着学生鼻子走，顺着设计好的方案想，学生很少参与，好像是听说书一样，学生在课堂上找不到自己，只是老师填充知识的贮存器。

这样学生怎能听得进去，对教师很容易产生厌烦感，课堂教学效果会变差。

因此，语文课堂教学中，教师要改变传统的教学方式，创造性进行教学，做到"备而不备，教而不教"。所谓"备而不备"，即备课时不要备得太细，要给学生留下一些有疑可问的空间，发挥想象的空间，以调动学生学习的积极性；所谓"教而不教"是指教师在课堂上不能全部包办，要让学生积极参与，要淡化教师主导作用，突出学生主体作用。有些问题教师让学生动脑自己去完成，这样有利于培养学生的创新思维，有利于学生能力的提高。

再次，教学内容要生活化。语文与生活密切相关。有人提出，语文即生活，生活即语文。所以在课堂教学中，教师要把语文与现实生活相联系，特别是与学生的生活实际相联系，这样就拉近语文与生活的距离，让学生切实感受到自己的身边处处有语文，从而激发学生学习语文的兴趣。语文课堂教学中，教师不能局限于书本生活，要扩展学生知识面，开阔学生视野，要注重课本以外的广阔生活，如大自然生活、社会生活、家庭生活，这里的生活丰富多彩，生动活泼，充满活力，是学生最感兴趣所在。

同时语文课堂教学中，内容的分析也不能大而空，过分强调政治性，思想性，过多进行空洞说教，这会让学生产生反感，而应多一些人情味，多一些美的鉴赏，分析评价要与学生的情感价值观取向一致，这样学生也愿意听，感到教师是生活中真我的教师，而不是供上神位的圣人。

当然，让课堂教学活起来，对我们教师提出了更高的要求。教师要有较高的素质，包括心理素质，政治素质文化素质。特别是文化素质，教师要成为学生的平等对话者、参与者、引路者，就必须具备较高的文化素质，具有广博的知识，因为现在学生获取信息的渠道多，知识面宽，教师必须文理兼通，博闻强记，才能与学生平等对话。教师还要具备创造能力。教师没有创造能力，就不可能有教育的创新，不可能有思维上的独创，不可能有教法上的改进，这又怎能培养出有创新思维和创造精神的人才。一句话，让课堂教学活起来，关键在教师。让我们谨记"教学相长"的古训，在新课程改革的大潮中，不断提高自己，不断完善自己，为教育的发展作出个人应有的贡献。

（本文发表于《学语文》2013年第6期）

备课要精准——浅谈高三语文第一轮复习

最近到市内4所高中调研，随堂听了8节高三语文课，课型都是复习课，同属第一轮复习。其中一节作文指导课，一节试卷评讲课，六节知识点复习课。经过听课、看备课设计、座谈三个环节调研，总体感觉这8节课在教学目标的达成上还是有较大的差异的。虽然课堂教学质量的制约因素较多，但其中最关键的一点是备课质量，可以说备课好坏直接决定了课堂教学效果的高低。"备课是教师对整个教学活动的一种预设，是高效完成教学任务的一个重要环节。它直接决定着课堂教学的成败。"（李明高《教师最关键的18项修炼》）虽然学校强调备课组要集体备课，实际教学中能够集体备课的还是少之又少的，多数情况是授课教师在备课组统一教学进度下的个人备课。大家都知道备课的重要性，也明了备课要备哪些内容。高三一轮复习的备课尤为重要，这时的备课不能仅仅停留在备教学目标、教学重难点和教学流程上。因为这时高中学段语文学科课本教学任务已经完成，复习的目的是帮助学生梳理语文学科主干知识，建立和完善语文学科知识网络，形成并提高学生的语文能力。因此，此时的备课一定要强调精准二字。备课要做到精准，说的是教师备课时对知识点的把握要精准，对考点的选择要精准，对学情的掌控要精准，对解题的指导要精准。

第一，对知识点的把握要精准，只有这样才能帮助学生形成正确的学科知识网络。教师脑中要有《语文课程标准》，要对教材十分熟悉。知识点复习一定要回归教材，知识点来自教材，也要回到教材中去。C校汪老师上的是散文复习课，本节课复习了2个内容：①散文的线索；②散文的结构。其中"散文的线索"是本节课的复习重点。不仅复习了线索的种类：叙事散文常用的以时间为线索；抒情散文常用的以情感为线索；议论性散文常用的以事理为线索；托物言志类散文常用的以物件为线索等，而且在方法上给予指导，重点讲了"寻找线索的方法"。整节课复习思路清晰，知识点分类正确，只是因为没有联系高中教材，同学生的学习经历没有联系，所以整节课显得比较虚，从概念到概念，没有调动学生原有的知识储备，还停留在知识灌输式教学，没有注重提高学生阅读与写作散文的能力。

古人说："读书须知出入法，始当求所以入，终当求所以出。"（陈善《扪虱新话》）我们倡导一轮复习回归教材，是因为教材是储备知识的最好载体，在一轮复习构建知识体系的阶段，借助教材，打通文体界限，归纳知识点，如文体知识、文章结构知识、描写手法、表达方式、修辞技巧等。譬如：复习"情景交融"，可以结合《蜀相》《春江花月夜》《雨霖铃》等；复习"借景抒情"，结合《声声慢》《醉花阴》《虞美人》等；复习"用典"，可以结合《锦瑟》《水龙吟·登建康赏心亭》《书愤》等；复习"虚实结合"，可以结合《扬州慢》《梦游天姥吟留别》《涉江采芙蓉》等。

第二，对考点的选择要精准，只有这样才能帮助学生正确把握复习重点。教师心中要有《考试说明》，要对考点十分明白。一轮复习要关注考点，突出学科主干知识，注重联系历年高考题，科学把握复习标高。B校汪老师上的文言虚词复习课，一节课只讲了3个文言虚词：之、乎、者，而且"之"是上节课讲了一大半内容。教师依据选用的复习大册子，照本宣科，边讲解，边在黑板上写例句。很显然，这节课教师没有备好课，对《考试说明》没有认真理解。C校徐老师上的古典诗歌鉴赏：表达方式例说，整节课采用多媒体辅助教学，课堂容量大，一节课复习了古典诗歌常见的四种表达方式——记叙、议论、描写、抒情。每种表达方式的复习程序是相同的，都是先复习概念，后引述例题。四种表达方式讲完后做了课堂作业，"分析杜甫《蜀相》的表达方式和作者的思想感情"。本节课没有把握好复习标高，复习的内容过浅，虽然容量大，但是对学生提高解题能力帮助不大。

相比之下，我们会发现B校汪老师的课容量过小，C校徐老师的课容量过大。导致这两种情况出现的根本原因在于对《考试说明》没有真正把握，对考点规定的内容没有吃透，没有把考点与考题之间的联系搞清楚。就汪老师的课来说，全国卷《考试说明》在"古诗文阅读"中对该考点提出的要求是"理解常见文言虚词在文中的意义和用法"，能力层级为B级。大家都知道，虚词是高考常见考点，考查题型有选择题和翻译题，考察范围是考纲规定的18个文言虚词。而且这一考点近几年一直在翻译题中间接考查，考的是具体语言环境中的语境义。如果不理解虚词，就不能理解文意，也就不能正确进行文言文翻译。所以我们对考纲规定的18个文言虚词一定要熟悉其用法。但是像汪老师这样完全依据复习教材，不加分析，不分重点，机械传授，不仅费时费力，而且只能勉强完成复习任务。同样，就徐老师的课来说，我们要清楚地知道在复习诗歌表达技巧这个考点时，首先要指导学生辨识诗歌中所使用的修辞手法、表达方式、表现手法或艺术构思，重点分析其本身的艺术效果，评价其对表现诗人的思想感情所起到的作用。就诗歌中常用的四种表达方式来说，抒情和描写是考查的重点，那么本节课的复习重点也就是抒情和描写。

第三，对学情的掌控要精准，只有这样才能正确调控复习节奏。教师眼中要有学生，对学生十分熟悉，一轮复习要看透学情变化，要积极培优治跛。这次听课最大的感受是教师的学生观加强了，每节课教师都能关注学生的学习效果，注意发挥学生的学习积极性。在一轮复习过程中，教师大多能做到讲练结合，讲一讲，练一练，一个知识点复习完了就及时测一测，培优治跛的意识很强。D校王老师的一节试卷评讲课又反映了一种新变化，原先教师评卷是手工阅卷，教师自己阅本班学生试卷，学生答题情况教师十分了解，因而在评讲试卷时就能有的放矢，评讲的针对性就强了。现在学校上了阅卷系统，考完试教务处就将学生答卷扫描进阅卷系统，教师在网上阅卷，这样一来，阅卷效率提高许多，但教师对学生答题的具体情况就不了解了。虽然阅卷系统一般带有试卷分析功能，但因为种种原因，教师使用该功能的还是不多。因此我们老师要适应新变化，及时采取应对措施，提高试卷评讲的针对性。

第四，对解题的指导要精准，只有这样才能帮助学生提高解题能力。教师手中要有方法，注重解题思路的引导和解题方法的指导。传统的解题指导主要关注两点，一是正确答案，二是解题技巧。要做到精准指导学生解题，必须抓考点，要依据考点，变换题型，通过发散，举一反三，提高学生的理解能力。一轮复习主要是打基础，关注的是知识点的落实。学校通行做法是高三备课组集体选定一个复习蓝本，配套一些知识点训练卷和少量的综合模拟卷，边复习讲解边训练落实。我们要以温故知新为原则，以知识点为基础，关注考点变化，结合高考真题，剖析常见题型走势，归纳解题方法，在有效训练中提高学生的实战能力。A校魏老师的图文转换复习课做得比较好。她从近几年高考题入手，指导学生关注考点，因为

"图文转换"在近几年高考中多次涉及，2013—2017年全国多套考卷一直在考查。题型具有综合性，选材贴近现实生活。本节课主要复习了"徽标文字转换""漫画文字转换"。在讲"徽标文字转换"时，引用了"爱奇艺""百度""奇瑞""本校校徽"四个例子。从常见题型到解题方法，指导学生考察外形特征、解释徽标内涵。在方法上强调注重联想，要扣住行业特点，由表及里。由于选用材料贴近学生生活，激发了学生的学习兴趣，课堂气氛很热烈。特别是解读学校的校徽，引导学生关注学校历史，同时也是一次极好的励志教育。

我们说备课要四精准，它们之间也是相互联系的。教师只有对知识点、考点、教材、学生四者了如指掌，备课时才能左右逢源。譬如复习散文的布局谋篇，会讲到"文脉"，文章当中，起纵贯引领作用的，可能同时有几种因素，像时间、人物、情感等因素，而这其中必定有某一种因素最为突出。对应的考点很多，如2013年全国卷《林肯中心的鼓声》：对林肯中心的演出，"我"表现出哪些情感变化？请结合全文简要分析。再回归到教材，能链接这一知识点和考点的文章也很多，如《记念刘和珍君》：作者一方面说"我也早觉得有写一点东西的必要了"，同时又说"可是我实在无话可说"。这是自相矛盾吗？请结合全文认真体会，从中看出作者思想感情是怎样发展变化的。又如《荷塘月色》：作者描写了荷塘的哪些景物？请找出文中描写心理变化的语句，说一说作者的感情是如何随着景物的转换而发生变化的。知识点、考点、教材三者都兼顾到了，课堂上还要根据学情的变化，适时调整复习节奏，变换复习的重点。"工欲善其事，必先利其器。"（《论语·卫灵公》）总之一句话，要提高一轮复习的课堂教学效果，精准备课是前提。

（本文发表于《语文教学通讯》2018年第5A期）

以人为本，注重发展——浅谈语文课堂教学评价

　　《语文课程标准》明确指出："语文课程评价的目的不仅是为了考查学生达到学习目标的程度，更是为了检验和改进学生的语文学习和教师的教学，改善课程设计，完善教学过程，从而有效地促进学生的发展。""评价的根本目的是为了促进学生语文素养的全面提高。"要落实这一教育理念，课堂教学评价必须拓展新的视野。衡量一堂课成功与否的标准，必须走出沿袭已久的以评价教师教学目标、过程、方法、语言、板书、教态等为主的"以教评教"的课堂教学评价误区，确立以学生发展为中心的新型课堂教学评价观——"以学评教"，充分关注学生在课堂中的学习状态，从课堂上学生的认知、思维、情感等方面的状况来评价语文课堂教学质量的高低。

　　新课程重视发展性课堂教学评价，不仅体现了课堂教学评价最新发展的趋势和先进的评价思想，而且从一个侧面反映出了我国现行课堂教学评价的不足与局限，对于推进素质教育改革具有深远意义。为了实现语文课堂教学评价的目标，我们首先要走出评价时顾此失彼而形成的一些误区，以人为本，注重发展，进而走进"真、善、美"的境地。我们语文教师应重视和加强课堂教学评价的诊断、导向、激励、教学等功能，对学生在学习中表现出来的学习态度、学习信心、学习行为、学习效果等方面进行科学的评价，这样既能激起学生的主体参与，使之体验成功的喜悦，获得进取的力量，分享合作的愉悦；又能促进学生对知识的掌握，培养他们的思维能力，激发他们的自信心和进取心，从而使学生逐步踏上主动学习、发展能力的轨道。特别是在对待"学困生"问题上，教师的评价作用显得尤为重要，在课堂教学中，教师应该及时敏锐地捕捉到他们的闪光点，给予肯定和表扬，让他们看到自己的能力和进步，帮助他们建立自信。

　　正确实施语文课堂教学评价，我们要遵循以下四点原则：

　　一是真实性原则——用率真培养真实的学生。

　　长期以来，社会和家长予以老师"正义的化身、道德的楷模"的称誉。

上篇　中学语文感悟式教学法的探索

051

老师也这样塑造自我，久而久之，老师就成了学生心中的"高大全"形象，师道尊严也就水到渠成了。然而只有老师走下神坛，走到学生中间去，师生平等交往，才可能创造和谐的学习环境。

为了纠正传统教学的弊端，新课程强调尊重、赏识学生，其实质是强调教师要相信学生的发展潜力，要保护学生的自尊心，要尊重学生的人格，要给学生创造一种宽松自由的成长氛围。但是，强调对学生的尊重，并不意味着对学生要一味表扬。有些教师在课堂教学中不论学生回答是否恰当，不论提出什么质疑都口诀似的赞扬："你真棒！""真有见解！""读得真有感情！"……不当的评价不仅激发不了学生的思维，反而误导了学生的学习思维，久而久之，他们认为对老师的提问以及文本的理解，不需深入推敲思考，想到什么就说什么，哪怕是胡编乱造、东扯西拉的，都是值得表扬的。于是他们可能会错误地认为：这或许就是创新思维的表现。而那些有真知灼见的理解和回答，反被这些庸俗的赞语埋没了，从而无情抑制了发散思维的培养。

今天我们的学生成长在信息发达的时代，认辨能力敏锐。老师的率真更能吸引他们走近，促使他们既敬爱老师的神圣，也能宽容老师的不足，从而避免了外在现实与内在心灵的差异而导致的心理不适。北京市特级教师宁鸿彬在教《分马》一课时，一个学生提出："我认为《分马》这个标题不恰当。"宁老师问他为什么，学生说："你想啊，白大嫂子分的不是马，是骡子；老初头分的也不是马是牛；李毛驴分的也不是马，他拉走了两头毛驴。明明牛马驴骡全有，题目却叫《分马》，不恰当。"宁老师请他重新给这篇课文拟个标题，这个学生说："分牲口。"宁老师鼓励并表扬了这个学生，说："《分马》是著名作家周立波的作品，你敢于向名家挑战，值得表扬。"话音刚落，又一个学生站起来说："老师，您错了！课文注解1写着呢，本文标题是编者加的。他不是向作者周立波挑战，而是向编者挑战。"这个学生指出了老师的失误，宁老师不仅欣然接受，而且表扬这个学生说："很好！我一时疏忽，说错了，你马上给我指出来，非常好！从这一段时间看，你们一不迷信名家，二不迷信编者，三不迷信老师，这是值得称赞的。"宁老师的真诚赢得了学生的尊敬。

二是情感性原则——用爱心开启学生的心智。

好的教学评价一定包含了教师的爱心，我们要用爱心开启学生的心智。

心理学家认为：积极的情感是启发儿童智力的钥匙，是点燃儿童智慧的导火线。教师在评价时要懂得营造情感交流的氛围，拉近师生之间的心理距离，使得双方互相走进对方精神情感和整个心灵世界，并以学生为主体、教师为主导地位，使教学达到情之互融的境地。苏霍姆林斯基说过："只有当情感的血液在知识的肌体中欢腾跳跃时，知识才会融入人的精神世界"。课堂上，教师的客观的赞赏评价不仅给学生注入兴奋剂，释放学生潜能，而且弘扬学生个性，使学习成为快乐有趣的活动。

当然，教学评价的选择还要注意学生的性别不同、个性差异。班级是个大集体，个性各异，语文基础也参差不齐。对于内向的、理解能力差的学生不能不闻不问，师者应用宽容的心态，睿智的话语引导他们积极向上，一定要懂得呵护他们的自尊心和自信心。对后进生的调皮不应斤斤计较，要多做思想工作，真心关爱。对他们学习活动中表现出的"瑕疵"尽可能包容，评价中要动之以情，晓之以理。用爱心温暖学生心灵，从而化坚冰为春水，鼓励全体同学奋发向上。王红老师在《走进语文教学的艺术殿堂》一文中述说了一个真实的教学案例：有一次批阅作文，发现一位男生的作文流露出一些才气，于是在作文评讲课上就点名让这位男生上讲台朗读，然而意想不到的事情发生了。这位男生有轻微口吃的毛病，即使平时也不愿多与人交谈，此时更是手足无措，面红耳赤。他扭怩地挪步上讲台，十分紧张不自在，一开口便卡住了。台下终于哄笑起来，男生也深深低下头。王红老师止住了学生，可男生再也不开口了。台下的同学紧紧注视着他，课堂里死寂一片。沉默中，王老师从后悔自责中省悟：初为人师的我不也有过临场时的恐惧和冷场时手足无措的尴尬吗？是自信战胜了这一切。王老师微笑着说道："既然他不太习惯在众目睽睽下说话，那索性我们大家都趴在桌上，不看，只用耳朵听吧！"王老师带头走到教室后面，背对讲台站定，同学们也纷纷趴下头来。终于，轻轻的羞怯的声音在教室了响起来了！那的确是篇好作文，因为动情的缘故，他的声音渐渐地响起来了，停顿也不多了，有的地方甚至可以说是声情并茂了。朗读结束后，教室里响起了一阵热烈的掌声。是的，语文教学绝不仅仅靠嘴和粉笔，它更需要你用心去感受，去捕捉，用情感去灌溉，去融合，奇迹往往诞生其中。

三是批评性原则——用艺术的批评矫正学生的学习行为。

如果说关心、鼓励、赞赏是激励教育，是柔性教育，那么批评惩罚则是硬性教育，柔性教育与硬性教育相辅相成，刚柔相济，相得益彰。适当的批评惩罚能使学生增强责任感，磨炼学生坚强意志，铸就学生完善的人格。因而在教学实践中，有的学生犯了明显性错误，甚至是故意犯错误时，要及时批评纠正并给以相应惩罚。如罚写反思，罚做一件好事等。在学习朱自清的《背影》时，许多同学对亲情的理解仅仅停留在"端茶送伞"的层面上，我让一男生谈谈对主题的理解，他表现出漠然的态度，认为作者写的都是家常琐事，没什么意思。我愕然，适时批评了他的学习态度。并罚他回家多做家务，洗碗、扫地全包，并观察感受父母的态度，再记下全过程。后来，终于从他的周记中发现了他的反悔，他终于懂得了那是一种爱。我亦为之高兴。

教育的秘诀是爱，教育是唤醒、是激励也是约束和规范，恰当的表扬与适当的批评都应因人而异，因情境而异，这样，才能收到好的效果。

新课改的重要理念是倡导自主、合作、探究的学习方式。一些教师为了追赶时髦，不管情境、不管内容、不管需要一味地强调自主意识、合作精神、探究能力。于是在学习文章时让每个学生自选喜欢的段落学习。的确，有的学生确实能对某些段落产生特殊喜爱甚至有个性化的见解，但是就此而作出"有见解，有个性"的评价，一堂课草草结束，那么那些学生不喜欢的语段，难道就可以不学吗？有的老师为了几个生字，也要让学生分组讨论，似乎热闹的课堂就是学生积极性高、气氛活跃。只要有个结果就获得"有合作探究精神""能自主学习""学习热情高"等评价。其实，语文教学中许多问题仍需教师点拨、学生思考才可解决的。像这种形式主义的评价从客观上说，它严重违背语文教学宗旨。

教师的评价无论是表扬还是批评，都应是通过恰当的方式来激励学生不断进取。若表扬批评不得体，场合情境不恰当，就会事与愿违，产生负面效应。这就要求我们的评价要讲究艺术性。评价的语言要正确生动，有趣味性和感染力。让评价的语言如涓涓细流滋润着学生的心田，促使学生产生上进的力量。以艺术化的语言引导学生的学习活动。例如学生回答问题时答错了，如果说："你怎么这么笨"！也许这个学生再也不敢回答问题了。若换成"你真是聪明一世，糊涂一时呀！"可能就是另外一种结果了。当学生的朗读出色时，我会赞叹："声音如行云流水，真令人陶醉！"对学生的作文评语可引用诗词歌赋中富有启迪性的哲理句子。用艺术化的评价语言让学生时时都能感受到语文的魅力，从而促进学生学语文的兴趣，感受生活的美好。

四是多样性原则——用丰富多彩的评价形式，让学生体会成功的喜悦。

新课程的评价改革提倡发展性评价，讲究方式的多种多样。除了一般考试测验外，还有访谈、观察、文献研究、范例考查、个人经历记录等。然而有的教师误以为任何一种语文学习都需综合运用各种形式的评价。他们在实施过程中不顾学生实际，不顾学生的起点、身体和心理承受能力，无限扩大评价界面。如一篇作文写好后，先自改自评，再小组评，班级评，然后家长评，写评后反思评后报告，再呈交老师评。殊不知学生作文在众多的评价中已面目全非，已找不到初写的影子，学生耗掉了许多快乐自由的时间，增加了疲于应付之感。长时间的折腾，不仅加重了学生学习负担，加大了心理压力，也致使学生丧失了写作激情，反而失去了评价效果。

新语文课标强调注重语文素养的整体提高，要求注意评价的整体性。这就相应要求评价形式的多种多样。老师可帮学生建立"成长档案袋"，要督促学生学会自评，自评的形式不拘，可自己列表显示，也可用日记记录等。评价的内容包括学习语文过程中的表现及学习成果等，并写自我反思和小结。鼓励学生收集整理同学的评价、教师的评价和家长的反应。让他们体会自评和被评的乐趣，体会到成功的喜悦。老师给予学生的评价形式也要有创意，让学生体悟为师的良苦用心，从而更加积极学习。我们有所学校设计了两种教学评价卡，一种是奖励卡，写上激励的话，用淡绿纸打印，奖励给在语文学习中表现优良的同学。一种是批评卡，写上告诫的言语，用浅黄纸打印，发给那些犯错的学生。并让父母签字反馈。让学生收集、整理。期末综评时看谁得到的绿卡多。而且由得黄卡转为绿卡的应给予上进奖表扬。这一评价形式赢得了家长和社会的好评。

同时，为了提高课堂教学的有效性，提高教师的教学水平，教师还应该欢迎学生对老师进行评价，鼓励学生用自己独特的方式，真心的语言对老师的德、能、勤、绩等方面给予客观公正的评价。这样在师生互动、知己知彼中达到教学相长。

总之，语文课堂教学评价应该是多元的。语文课堂教学评价要调动学生学习语文的积极性，而不能刺伤学生对语文的感情，其关键是语文课堂理念、评价理念的转变。无论如何，我们语文教师在教学中都应该少一些表面的繁荣，多一份内在的智慧，要以人为本，着眼于学生的发展，这样方能开拓出一片真善美的语文学习的新天地。愿我们的语文课堂，绽放以人为本的花朵，焕发出生命的活力，成为师生和谐发展的人生大舞台。

（本文于2009年7月被中国教育学会中学语文教学专业委员会评为一等奖）

中学语文感悟式教学法的实践

单元教学指导

新诗是五四前后才出现的，称它为"新"诗，是相对于古典诗歌来说的。它用白话文写诗，虽然继承了古典诗歌的优良传统，但它不受古典诗词格律的束缚，它想象丰富，构思巧妙，极富音乐节奏，能凝练地反映时代生活，表达现代人的思想情感。五四之后，外国诗歌大量进入，促进了中国新诗的发展。

诗言志。读诗可以陶冶性情。诗歌语言精练、新颖，鉴赏诗歌要发挥想象，在反复诵读的基础上，分析意象，品味语言，感受作者的真情。

1. 反复诵读。诗的语言要在朗诵时顺口流畅，欣赏时悦耳动听，要富有抑扬顿挫、起伏跌宕的韵律美和流畅回环的音乐感。鉴赏者就要从诗歌的音韵与节奏中，体会出其中的音乐美。就诵读方法看，一要引导学生整体感知，二要帮助学生入情入境，三要采用多种形式激趣。诵读让学生获得的不仅是语言表层的东西，更应是深层的、对整体感受全诗内容有切实帮助的东西。以闻一多、徐志摩为代表的一大批现代诗人，很重视诗歌的音乐美，他们的诗歌行数、字数整整齐齐，停顿、韵脚斩截自然，遣词造句绘声绘色。浅咏低吟戴望舒的诗句："撑着油纸伞 / 独自彷徨在悠长、悠长 / 又寂寥的雨巷 / 我希望逢着 / 一个丁香一样地/结着愁怨的姑娘……"反复吟诵品味，体会诗歌鲜明的节奏、和谐的音调、动听的旋律，就不难领略诗歌内涵，包括音乐美、情感美。欣赏诗歌时我们反复诵读，熟悉诗歌的节奏韵律，就会领悟诗歌语言体现的音乐美。

2. 分析意象。"意象"就是诗人头脑中所形成的客观形象和主观情趣的有机融合，也指表现在作品里的包含着主观思想情趣的具体形象。如《雨巷》中的"雨巷""油纸伞""我""丁香""姑娘"等就是寄予作者丰富的思想感情的具体可感的事物，就是意象。要体味诗情就必须解开意象。因此把握意象是真正解读诗歌的第一步。要把握意象，就必须在利用已知的基础上初步把握诗歌的风格、情感基调。诗人描写的图景是与其思想感情和谐统一的，美景当然流露喜爱之情，但情哀之时美景含泪，如"感时花溅泪"；心凉之时美景却又倍受诘问，如"念桥边红药，年年知为谁生？"这里的意象"花""红药"所含的情感就是很清楚的了。所以体味诗情，首先就要充分运用联想和想象。从想象中体味形象，对诗人的想象活动进行再经历和再体验。

3. 品味语言。诗是精练的语言，一句话乃至一个字，里面蕴藏着深厚的旨趣，所以诗家以一字称工，刻意锤炼，以求其精深。对诗歌的炼字进行推敲，从而品味语言的隽美。动词、形容词、数量词、叠词等都是关键词。分析"好处"：分析诗眼的好处，就是要结合诗眼所在的整个诗句所表达的意境、形象或情理（有时还需要结合整首诗的意境或中心），来充分发掘其丰富的意蕴，把握其优美的艺术效果，进而用精练的语言表述出来。推敲炼字技巧，赏析语言隽永美。

4. 感受情感。鉴赏诗歌，须深切体会诗歌的感情内涵。我们可以通过诗歌的形象、意境把握它所要暗示和启迪读者的东西从而来体会作者的情感。同时，理解诗歌的感情不能忽略时代的特征，因此阅读诗歌一定要知人论世，要对诗人和他所诞生的时代有一个初步的了解。同一题材的作品，由于诗人的理想志趣、生活经历，所处时代不同，会表现出不同的思想感情。否则，我们的欣赏就是盲目的，甚至是歪曲的。要领会情感美，知人论世是第一步。艾青正是因为一次被捕、一场大雪，想到了身世凄凉的大堰河，从而引起了对她的怀念、追忆乃至歌颂，写下了《大堰河——我的保姆》。鉴赏诗歌，找准了情感突破口，对诗歌主旨的把握就会更便捷，对情感美的领会就会更深刻。

5. 鉴赏手法。在诗歌鉴赏中，要能掌握诗歌常用的表达手段与艺术技巧。要注意常见的修辞方法，也要注意记叙、议论、描写、抒情等表达方式，更要注意情景交融的抒情手法。在情景交融中，我们要注意乐景与哀景的关系，一般情况下，是乐景写乐情，哀景抒哀情，但也有以乐景衬哀情或哀景写乐情的写法。

《沁园春·长沙》

一、教材分析

《沁园春·长沙》选自新人教版高中语文必修1第一单元，是本单元的第一首诗歌。旨在让学生掌握相关文本知识的同时，明确青春使命，更好地体悟人生，积极地把握未来。这首词是毛泽东于1925年在长沙所作，描绘了美丽壮观的湘江深秋景色，抒发了毛泽东青年时代的理想与抱负，充满了无尽的豪情与凌云壮志。

二、教学目标

1.提高朗读能力，掌握诗歌的写作技巧。
2.通过反复诵读和小组讨论，把握本章主旨。
3.体会作者以天下为己任的革命使命和远大抱负。

三、教学重难点

1.掌握诗歌的写作技巧，把握文章主旨。
2.体会作者以天下为己任的革命使命和远大抱负。

四、教学时数

2课时。

五、教学过程

▶ 第一课时

（一）创设情境，导入新课

中国是一个诗歌的国度。谈起中国诗歌传统，人们总是喜欢把诗经楚辞汉赋相提、唐诗宋词元曲并论。江山代有才人出，各领风骚数百年。20世纪的中国又造就了一位"前不见古人，后不见来者"、独领一代风骚的大诗人——毛泽东。

毛泽东用古典诗词形式写现代精神。他的诗词，记录了他革命人生的心路历程，反映了中国革命各个时期的现实生活，是一部中国革命的英雄史诗。他生前同意并公开发表的诗词有39首，其中，以"沁园春"为词牌的长调（91字以上）只有两首。初中我们学习了《雪》，今天我们要欣赏的是《长沙》。长沙是毛泽东革命人生的起点，让我们追寻伟人的足迹，走进伟人的崇高心灵。

　　（二）检查预习

　　1.词的起源。在隋唐之际配合燕乐曲调，并以"依调填词"的方式创作出来的歌辞形式，是诗歌中的一种特殊体裁，它大盛于宋，延续于后代，相传至今。

　　2.词牌。最初是特定的词乐曲调的名称，后来成为特定的词体格式的标目，即：一首词的词牌限制了这首词的形式（句数、平仄、押韵等），紧连着词牌的词题就是这首词的内容，也就是说词牌表明形式，词题表明内容。如《沁园春·长沙》《沁园春·雪》等。东汉明帝有个女儿叫沁水公主，沁水公主有个园林，后被外族所夺，有人作诗咏其事，"沁园春"由此而得名。

　　3.词的分类。

　　①字数：小令，58字以内；中调，58—90个字；长调，91个字以上。

　　②片段：最短的小令只有14字，最长的长调有200个以上；

　　单调：不分段，往往就是一首小令，篇幅较短；

　　双调：两段，也叫片或阕或遍，上片下片，前阕后阕；

　　三叠、四叠：即三段或四段，较少见，尤其四叠极少见。

　　4.背景链接。

　　这首词作于1925年，当时革命运动正蓬勃发展。五卅运动和省港大罢工相继爆发，湖南、广东等地农民运动日益高涨。毛泽东直接领导了湖南的农民运动。同时，国共两党的统一战线已经确立，国民革命政府已在广州正式成立。这年深秋，毛泽东去广州主持农民运动讲习所，在长沙停留，重游橘子洲，写下这首词。据《湖南全省第一次工农代表大会日刊》载："毛先生泽东……去岁回湘养疴，曾于湘潭韶山一带，从事农民运动……后为赵恒惕所知，谋置先生于死地。先生闻讯，间道入粤。"

（三）欣赏配乐朗诵，展示投影

熟读课文，找出重点字词，利用工具书和课下注释，读懂大意。

（四）**整体感知：感受形象，理清思路**

快速默读全词，圈点出塑造"我"的形象的关键词语。

明确：立、看、怅、问、携、忆、记。

提问1：毛泽东独立橘子洲头，看到了什么？

明确：看到了眼前生机勃勃的景象，万山红遍，百舸争流，鹰击长空，鱼翔浅底，万类霜天竞自由。

提问2：毛泽东独立橘子洲头，想到了什么？

明确：想到了往昔岁月，想到了祖国的命运。"问苍茫大地，谁主沉浮"正是词人思索的问题。

提问3：概括全词，上阕、下阕各侧重写了什么？

明确：上阕侧重写眼前之景，下阕侧重追忆往事。

（五）**再读全词，突破重难点**

1. 具体研习开头三句话"独立寒秋，湘江北去，橘子洲头"。

（1）朗读。

（2）调整句序，简要说明大意与作用。

明确：寒秋（时节），（我）独立橘子洲头，（望）湘江北去。点明时间、地点和特定的环境。

（3）展开想象，扩展语句，进行形象而有诗意的大胆描述。

明确：在一个深秋的季节，橘子洲头，伫立着一位英姿勃勃的年轻革命家，他正深情地注视着滚滚北去的湘江波涛，凝重的目光里似乎折射出心头翻腾的无尽遐想……

（4）提问4：词中的"独立"能否改为"站立"或"直立"？

明确：不行。"独立"既表明一个人卓然独立，更显示诗人砥柱中流的气概。

（5）提问5：柳诗"独钓寒江"与毛词"独立寒秋"所表现的诗人的胸襟境界是否相同？

附:

江 雪

柳宗元

千山鸟飞绝,万径人踪灭。

孤舟蓑笠翁,独钓寒江雪。

背景:此诗作于柳宗元参加政治革新运动失败,被贬永州时。

明确:柳诗表达的是诗人身处逆境决不向恶势力妥协的"穷则独善其身"的封建士大夫的心志;毛词则表达了词人身处险境、坦荡磊落、砥柱中流的革命伟人的气度。两者不可同日而语。

2.具体研习"看"字所领7句。

(1)朗读。

(2)这7句作者抓住了哪些典型景物来写的?具有什么特点?

明确:山、林、江、河、舸、鹰、鱼——万物,由点到面,绚丽多彩,生机盎然。

(3)词人是怎样变换视角来描绘眼前这大好景色的?

明确:

万山红遍,层林尽染——远眺—远景—静景;

漫江碧透,百舸争流——近观—近景—动景;

万类霜天、竞自由、鹰击长空——仰视—高景—动景;

鱼翔浅底——俯视—低景—动景。

(4)提问:古人非常讲究练字,往往"吟安一个字,拈断数茎须",上阕中,锤炼得十分精彩的字有哪些?

万——山之多,遍——红之广,层——林之密,尽——染之透,漫——水之盛,透——水之清,争——争先恐后之热闹,击——飞之矫健,翔——游之轻快,竞——突出万物蓬勃旺盛的生命力。

(5)通过想象,运用自己的语言来描述上面7句所描绘出来的景色或画面。

明确:远山层峦叠嶂,层层枫林被秋霜染得火红;江水如碧玉般清澈见底,江面上千帆竞发,往来船只你追我赶;雄鹰敏捷矫健,奋力冲向万里长空;鱼儿轻快自如,在清澈明净的水中游弋。

3.品读上阕后三句,思考词人为什么"怅"?联系时代背景,想一想

"问苍茫大地，谁主沉浮"的含义是什么？表达了词人怎样的感情？

（1）词人面对生机勃勃的大自然和广阔的宇宙，面对着在自然和宇宙中"竞自由"的万物，他想到了作为这些自然万物的主宰者人类，想到了祖国的命运和革命的未来，于是思绪万千，百感交集而生"怅"。

（2）词人由大自然的盛衰荣枯引出了"谁主沉浮"的问题，然后类比联想，"主沉浮"在这里是主宰国家命运，掌握民族前途之意，实际上词人提出了一个革命领导权的重要问题。

（3）抒发了词人对国家命运的关切和以天下为己任的博大胸怀和豪情壮志。

4.背诵词的上阕。

（五）课堂小结

1.词的上阕的词眼是："问苍茫大地，谁主沉浮？"

2. 问题的提出方式是：由物及人，由大自然到国家、民族，由大自然的生机勃勃、绚丽多姿过渡到民族的命脉及国家的前途。

3. 色彩美和雄壮美决定了词作的昂扬基调，发出的问题深远重大，决定了词作的博大意境。

（六）布置作业：背诵全词

▶ 第二课时

（一）检查巩固

1. 指定学生背诵全词。

2. 检查重点词语的掌握与运用。

（二）思考情感线索

下阕中哪几个字标志词人由上阕的眼前景的描写转入往事的回忆？

明确：忆、记。

（三）感悟重点、难点

1.具体研习"忆往昔——粪土当年万户侯"。

（1）提问："携来百侣曾游，忆往昔岁月稠"在全文结构中起什么作用？

明确：上阕是旧地重游，下阕自然是"游"字引起，由眼前看到的景色，自然而然想到以前与"同学"一起来游的情景，于是过渡到对往昔生活及"同学少年"的回忆中，过渡自然，衔接巧妙。

（2）"峥嵘岁月"指的是什么？简析"稠"。

明确：①"峥嵘岁月"是对往日不平凡的斗争生活的形象概括。毛泽东在长沙生活、学习、从事革命工作期间（1911—1925），国内外发生了许多重大事件：辛亥革命、第一次世界大战、俄国十月革命、五四运动、中国共产党成立等，都是影响世界形势的巨大变革。这样的岁月，如历史群山中耸立的一座又一座的峥嵘的高峰。②"稠"形象地说明了世界变化的风起云涌。

（3）如何表现"同学少年"这个意象的？

战斗岁月：携来百侣曾游，峥嵘岁月稠。

年龄气质：同学少年，风华正茂。

精神状态：书生意气，挥斥方遒。

战斗行动：指点江山，激扬文字，粪土当年万户侯。

（4）表现了作者当时怎样的情感？

明确：词人借对"同学少年"的回忆，流露出对往事的无限怀念，表现了他和革命战友们以天下为己任，蔑视反动派、改造旧世界的革命战斗豪情。

2.引导学生研习"曾记否——浪遏飞舟？"

提问一："中流击水"的情景蕴含词人怎样的感情？

明确："中流击水，浪遏飞舟"，采取象征手法，形象地表达了一代革命青年的凌云壮志以及在新时代的大潮中，乘风破浪，鼓帆前进，立誓振兴中华的气概豪情。

提问二：最后三句用了什么修辞方法和艺术手法？有何作用？

明确：设问的修辞手法和象征的艺术手法。巧妙地回答了"谁主沉浮"的问题。形象地表达一代革命青年的凌云壮志：在新时代的浪潮中，乘风破浪，激流勇进，担负起主宰国家命运前途的大任，表达了立誓振兴中华的豪情壮志，表现了革命家的英雄气概，充满浪漫主义色彩。

（四）概括总结、引领提升

1.从全词的主旨方面理解，上下阕有什么关系？

明确：上阕提出了"谁主沉浮"的问题，下阕艺术地回答了"同学少年"主宰世界沉浮的答案。上下阕浑然一体，天衣无缝。

2.这首词怎样把写景、抒情完美地结合起来的？

（1）词的上阕虽然着重写景，却处处景中寓情。

词以"独立"开篇，以江洲的背景，构成以词人为主体的画面，流露出词人激荡的思潮。生机盎然的"湘江秋景"中，"万山红遍，层林尽染"不仅仅是四周枫林如火的写照，而且寄寓着词人火热的革命情怀；"万山红遍"象征革命、象征烈火、象征光明，正是作者"星火燎原"思想的形象化表现，是对革命与祖国前途的乐观主义的憧憬。"鹰击长空，鱼翔浅底"也不仅仅是鹰鱼自由世界的展示，而且蕴含了词人对自由解放的向往与追求。一个"怅"字更是词人由自然景观联想到人类社会与政治风云后发自心底的感慨。

（2）词的下阕虽然着重抒情，但也不乏情中含景之处。

一"忆"直贯以下7句，描绘了早期革命者的群体英雄形象。"中流击水，浪遏飞舟"展现了一幅奋勇进击、劈波斩浪的宏伟画面，艺术地回答了上阕的发问。

（五）朗读这首词，注意停顿、节奏、语气、重音

"看""恰"后面稍作停顿，突出领字作用。"看"后7句要读得抑扬顿挫，充满兴奋喜悦之情；"恰"后7句要读得激昂慷慨，充满自信，语速稍快。

（学生朗读后互评。多媒体展示名家朗诵音像资料）

（六）拓展延伸

1. 下列句子中加点词能否被括号中的词语替换？为什么？

鹰击（飞）升空　鱼翔（游）浅底　万类霜天竞（争）自由

点拨：本题考查对诗歌字词的准确理解。

解答：括号内的字不能替换加点的字。因为"击"显示了鹰展翅的力量和搏击的雄姿；"翔"写出了鱼的活跃和自由自在；"竞"表现了在明净清爽的秋天里万物蓬勃旺盛的生命力；"击""翔"呼应"竞"，而括号内的词可用于任何一个同类事物。

总结：法国著名作家福楼拜曾说："无论你要讲的是什么，真正能够表现它的话只有一句，真正适合的动词或形容词也只有一个……你必须把这

唯一的一句、唯一的动词、唯一的形容词找出来。"我国古代也有作诗推敲的故事。所有这些都说明最具表现力的词是唯一的。

2.比较以下两首词的主题思想的差异。

卜算子　咏梅

陆　游

驿外断桥边，寂寞开无主。只是黄昏独自愁，更著风和雨。

无意苦争春，一任群芳妒。零落成泥碾作尘，只有香如故。

卜算子　咏梅

毛泽东

风雨送春归，飞雪迎春到。已是悬崖百丈冰，犹有花枝俏。

俏也不争春，只把春来报。待到山花烂漫时，她在丛中笑。

鉴赏提示：

陆游词所描写的梅花特点是寂寞孤独、历经风雨，清高自守，百折不渝，芳香永驻。毛泽东词所描写的特点是耐寒坚毅，不争名利，适时报春，在花丛中笑看人间春的到来。

陆游词所表现的是作者孤高自傲、志向清高、不与俗艳同流、百折不挠，是站在个人修养的角度上抒写的。毛泽东词所表现的是一个革命者坚强不屈，一心为争得国家与世界变革的胜利而奋斗，甘愿牺牲自己为人民迎来光明幸福的春天的精神，是站在一个革命者的立场上，写出了一类人的心声与志向。

（七）引导积累

除《沁园春·长沙》的名句外，你还能说出毛泽东哪些诗句？如：

1.烟雨莽苍苍，龟蛇锁大江。（《菩萨蛮·黄鹤楼》）

2.敌军围困万千重，我自岿然不动。（《西江月·井冈山》）

3.收拾金瓯一片，分田分地真忙。（《清平乐·蒋桂战争》）

4.一年一度秋风劲，不似春光。胜似春光，寥廓江天万里霜。（《采桑子·重阳》）

5.七百里驱十五日，赣水苍茫闽山碧，横扫千军如卷席。（《渔家傲·反第二次大"围剿"》）

6.赤橙黄绿青蓝紫，谁持彩练当空舞？（《菩萨蛮·大柏地》）

7.东方欲晓，莫道君行早。踏遍青山人未老，风景这边独好。（《清平乐·会昌》）

8.雄关漫道真如铁，而今迈步从头越。（《忆秦娥·娄山关》）

9.山，刺破青天锷未残。天欲堕，赖以拄其间。（《十六字令三首》）

10.五岭逶迤腾细浪，乌蒙磅礴走泥丸。金沙水拍云崖暖，大渡桥横铁索寒。（七律《长征》）

11.不到长城非好汉，屈指行程二万。（《清平乐·六盘山》）

12.须晴日，看红妆素裹，分外妖娆。（《沁园春·雪》）

13.江山如此多娇，引无数英雄竞折腰。（《沁园春·雪》）

（八）布置作业

1.通过对这首词的学习，你想到了什么？学到了什么？谈谈自己的体会。

参考：

树立远大的理想和抱负　　　　积极乐观，不断进取

关心国家关心民族命运　　　　以天下为己任

积极投身社会实践　　　　　　勇于竞争，求生存，求发展

自己的命运自己主宰　　　　　"自信人生二百年，会当击水三千里"

学好文化知识，学好专业技能，为社会出一分力量

2.课外阅读《毛泽东传》。

《雨 巷》

一、教材分析

《雨巷》选自人教版高中语文必修1第一单元。本诗是戴望舒的成名作和前期代表作，写于1927年夏天。当时全国处于白色恐怖之中，反动派对革命者的血腥屠杀造成了笼罩全国的白色恐怖，原来热烈响应了革命的青年，一下子从火的高潮堕入了夜的深渊。戴望舒因曾参加进步活动而不得不避居于松江的友人家中，在孤寂中咀嚼着大革命失败后的幻灭与痛苦，心中充满了迷惘的情绪和朦胧的希望。《雨巷》一诗就是他这种心情的体现。诗人运用了象征手法，借"丁香一样的姑娘"，表达一种追求美好理想的愿望，以及理想幻灭后的空虚和伤感。叶圣陶先生称赞这首诗为中国新诗的音节开了一个"新纪元"。

雨巷有着极其浓重的象征意义，人生处处有"雨巷"，诗人在黑暗孤独中从未放弃对光明的向往，由此可以在教会学生语文知识、培养他们语文实践能力和应用能力的同时，引导他们勇往直前寻找人生出路，让青春之树结出灿烂饱满的果实。

二、教学目标

1. 反复诵读，理解诗歌内容，借助想象入情入境，体会诗人情感。

2. 把握意象，了解诗歌的象征意义及作者要表达的思想感情，培养学生阅读欣赏诗歌的能力。

3. 品读内涵，品味诗歌的思想美，从而培养学生对诗的感悟力和理解力，逐渐养成良好的审美情趣。

三、教学重难点

1. 把握意象，了解诗歌的象征意义及作者要表达的思想感情，培养学生阅读欣赏诗歌的能力。

2. 品读内涵，品味诗歌的思想美，从而培养学生对诗的感悟力和理解力，逐渐养成良好的审美情趣。

四、教学时数

2课时。

五、教学过程

▶ 第一课时

（一）激发兴趣　情景导入

一到阴雨的天气，天是湿漉漉的，地是湿漉漉的，我们的心情不由得也有几分湿漉漉的。雨总是带给我们一些莫名的忧郁、无可名状的哀伤，但这种微妙的情绪又很难准确把握，用语言传神地表达，"雨巷诗人"戴望舒非常成功地做到了这一点。在中国现代文学史上，有这样一位诗人，他，就是戴望舒。他多情而忧郁，撑着一把油纸伞，彷徨在江南雨巷。他诗中的姑娘，没有鲜活的模样，只有模糊的轮廓，如同一朵紫色的丁香，在一片烟雨朦胧之中散发着淡雅、哀婉的幽香，让无数读者为之陶醉。

今天，就让我们走进戴望舒的成名作——《雨巷》，领略一下独属于戴望舒的魅力。

（二）检查预习

1.生朗读全诗。

2.字词积累：

彷徨（páng huáng）　彳亍（chì chù）　　　颓圮（tuí pǐ）

寂寥（jì liáo）　　惆怅（chóu chàng）　　笙箫（shēng xiāo）

3.介绍诗人：哪位同学知道戴望舒？请跟大家说一说。

明确：戴望舒（1905—1950），浙江杭州人，中国现代有名诗人。1925年上海复旦大学学习法文，开始受到法国象征派的影响。1928年后成为《现代杂志》的作者之一，创作现代诗歌，诗集有《我底记忆》《望舒草》《望舒诗稿》《灾难的岁月》。早期的诗歌多写个人的孤寂心境，感伤的气息较重，因受西方象征派的影响，意象朦胧，含蓄。后期诗歌表现了热爱祖国，憎恨侵略者的强烈感情和对美好未来的热烈向往，诗风显得明朗，沉挚。

（三）走进雨巷 熟读全诗

1.齐读全诗。

2.在这首诗中，你体验到诗人表达的是一种什么情感？

忧伤、痛苦、彷徨，冷漠、凄清、惆怅，充满愁绪和无奈……

3.指导朗读：诗人在诗中流露出的基本感情，可称之为基调。这首诗的情感基调是比较"低沉感伤"的，怎样才能读出这种感伤？

明确：缓慢，低沉。

4.播放课文朗读视频，让学生标出诗句中的停顿及要重读的词句。

教师小结：把握好语速、语调，读好诗歌的节奏和轻重音，这样的诵读，能给人带来美好的音乐享受。这也源于这首诗本身音调和谐、节奏舒缓。难怪叶圣陶老先生赞许作者"替新诗的音节开了一个新的纪元"。诗人也因这首诗成了著名的"雨巷诗人"。

5.学生再次朗读诗歌。

（四）再读全诗，明了诗意

全诗共7节：

第1节："我"希望遇见丁香姑娘；

第2—6节："我"遇见了丁香姑娘；

第7节："我"希望再次遇见丁香姑娘。

（五）熟读全诗，尝试背诵

（六）布置作业：课后练习二

▶ 第二课时

（一）回顾上节课学习内容：上节课三读全诗，了解本诗大意

（二）感悟重点：徜徉雨巷，品味形象

1.思考：诗歌中出现了哪些意象？有何作用？（除了抒情主人公"我"，诗人还写了哪些人、景、物呢？）

明确：人物形象——（我）姑娘。

背景道具物象——雨巷、油纸伞、篱墙、丁香。

结合丁香图片和课后练习四的相关诗句，指导学生理解"丁香"这个

典型意象象征着"美丽、高洁和愁心"。

2.在这些情感形象中，诗人最主要写哪两个情感形象？

明确：丁香姑娘、雨巷。

3.请大家品读描写"丁香姑娘"和"雨巷"这两个情感形象的诗句回答问题：这两个情感形象在描写或选择上有何妙处？

提示:用"……写（选）得妙，妙在……"的句式说话，可从意象的选择，描写的用词、句式，在表达情感上的效果等角度进行思考。

教师示例：

"油纸伞"选得妙，妙在它有复古，怀旧，神秘，迷蒙的特点，与烟雨迷蒙的雨巷搭配和谐，共同营造了一种冷漠、凄清的画面，如果换成一把现代艳丽的花伞，效果就没这么好了。

"颓圮的篱墙"写得妙，妙在"颓圮"二字，写出篱墙的坍塌、破败，渲染一种凄凉的氛围，与寂寥悠长的雨巷，一起构成阴冷迷蒙、破败空寂的背景，更能衬托出诗人苦闷、凄清、感伤的心境。

教学预设：

（1）丁香姑娘。

第二节写得妙，妙在排比句式和用词的反复（连用两个"哀怨"）;或妙在用丁香的颜色、芬芳、忧愁，写出姑娘外表的美丽，气味的芳香和内心的忧愁、哀怨。

第三节写得妙，妙在一举两得，表面上说姑娘，实际上也说自己冷漠、凄清又惆怅的心境；妙在"像我一样，像我一样地冷漠、凄清，又惆怅"，用复沓句式，一再强调渲染"我"和姑娘的心境相同。

"丁香一样的姑娘"写得妙，妙在用"丁香"修饰"姑娘"，丁香虽美但易凋谢，代表着像丁香一样的姑娘也易消失离去。妙在用了"愁怨""哀怨""彷徨""凄婉迷茫"等词语表现了"姑娘"像"我"一样的迷惘、彷徨。

"像梦一般地/像梦一般地凄婉迷茫"写得妙，妙在以梦做喻，仿佛姑娘就是"梦"的化身（可隐喻理想）。

"消了她的颜色/散了她的芬芳/消散了/甚至她的太息般的眼光/丁香般的惆怅"写得妙，妙在把消散的内容一件件分开写，更能表达出诗人对丁香姑娘无情消失的伤感和无奈；妙在突出美好事物在眼前消失带来的悲剧美。

（2）雨巷。

"彷徨在悠长、悠长又寂寥的雨巷"写得妙，妙在用"悠长、悠长"反复强调脚下要走的路很漫长；妙在用"寂寥"一词，描绘了一幅蒙蒙细雨中潮湿、寂静、冷清的"雨巷"图，给人一种冷漠、凄清、惆怅的心理感受。

妙在把雨巷远处"颓圮的篱墙"呈现出来，用破败空寂、阴雨迷蒙的环境，衬托"我"忧愁感伤的心境。

诗的第一节和最后一句写得妙，妙在首尾呼应，反复强调"雨巷"的"寂寥""悠长"及"我"心中对"丁香姑娘"的期待，更突出"我"期待而不得的苦闷。（学生从诗的结构处理或诗行排列角度分析，若能自圆其说，也给以鼓励。）

（三）**突破难点，领悟情感**

诗人用雨巷、丁香姑娘等情感形象，营造了朦胧凄美的诗境，表达了一种"忧愁感伤"的心境。为什么诗人这么忧伤呢？

参考观点一：失恋的痛苦。年轻的诗人爱上同学施蛰存的妹妹，可落花有意，流水无情，情感受挫。

（丁香姑娘：诗人心目中期待已久的美丽、高洁又忧愁的恋人。寂静、幽深、潮湿的雨巷是诗人失落心境的体现。）

参考观点二：美好理想破灭后的苦闷。本诗写于1927年，蒋介石"四一二"政变，汪精卫"七一五"政变，反动派对革命者"宁可错杀一千，也不可放过一个"的血色恐怖，使诗人这样的知识青年陷入迷惘之中，找不到出路。

（丁香姑娘：象征稍纵即逝的美好理想，消失在雨巷尽头的"颓圮的篱墙"。那阴冷潮湿、破败空寂的雨巷就是当时黑暗社会环境的象征。）

幻灯片：

丁香姑娘——美好的理想

雨巷——黑暗的社会环境（象征意义）

（四）**走出雨巷　拓展延伸**

1.课文小结：戴望舒在《雨巷》中表达了一种与"丁香姑娘"擦肩而过的"失落的忧伤"。诗中的"丁香姑娘"，是一种美好的化身，当你忧伤迷茫时，请想起戴望舒，在苦闷伤感中，依然要希望与心中的"丁香姑娘"

相逢！

2.拓展迁移：鉴赏现代诗歌的方法。

本节课我们鉴赏了《雨巷》这首现代诗歌，但这个不是最重要的目的，更重要的是，我们要通过这节课的学习，来掌握鉴赏现代诗歌的方法。请大家回忆一下我们这篇课文的学习步骤，试试看能不能概括出鉴赏现代诗歌有哪些方法。当你看到一首陌生的诗歌时，你应该怎么做？

1.诵读，整体感知。读了一遍没有感觉，再读。

2.确定诗歌感情基调。读到你能够确定出诗歌的感情基调为止。

3.品味诗歌意象。感情基调确定下来了，接着分析诗歌的意象。

4.知人论世。分析诗歌意象的时候，我们还要注意结合作者的生平和作品的时代背景来分析，用一个成语来讲就是知人论世。

5.探询诗歌主旨。通过对意象的分析和对作者生平时代背景的了解，将有助于我们分析诗歌的主旨。

6.感受诗歌语言美、艺术美。

（五）布置作业

1.背诵《雨巷》。

2.课后欣赏江涛的歌曲《雨巷》，找出歌词文字与原诗不同的地方，在周记本上写出你对此改动的看法。

《再别康桥》

一、教材分析

《再别康桥》选自人教版高中语文必修1第一单元。这首诗记录了诗人1928年秋重到英国、再别康桥的情感体验。全诗运用了优美抒情的语言，描述诗人回到母校康桥，在河中泛舟的所见、所思、所感，表达了诗人对母校的眷念和那如烟似波的离情别绪。

二、教学目标

1.品味诗歌语言，把握诗中意象，领会诗人思想感情。

2.培养学生感悟鉴赏现代诗的能力。

3.感知诗歌的建筑美、音乐美、绘画美。

三、教学重难点

1.把握诗歌意象，体会诗人情感。

2.品味感悟作为"新月派"代表作家徐志摩诗中的"三美"，尤其是音乐美和绘画美。

3.从诗歌的意象和形式等方面入手鉴赏诗歌。

四、教学时数

1课时。

五、教学过程：

（一）导入新课

（大屏幕投影徐志摩照片）（幻灯1）

导语：大屏幕上是一位极富才情的诗人的形象，他面容清瘦，气质优雅，多情的双眼略带些梦幻，料想这文弱的外表下，隐藏的必是一颗善感而细腻的心。你们知道他是谁吗？（学生回答）对，他就是被林语堂先生称作"情才"和"奇才"的诗人徐志摩。下面，我们简单地了解一下他的生

平和创作的有关情况。（幻灯2）

可惜，这样的一位诗人英年早逝，给诗坛带来莫大的遗憾。这节课，让我们一起走进徐志摩为我们营造的诗的世界，去品读他的《再别康桥》。（幻灯3康桥实景）

（二）诵读感悟

1.找一生试读。读后略谈感受。（幻灯4诗歌原文）

读准字音：

（1）青荇（qīng xìng）（2）斑斓（bān lán）（3）沉淀（chén diàn）

（4）漫溯（màn sù）（5）长篙（cháng gāo）（6）浮藻（fú zǎo）

（7）荡漾（dàng yàng）（8）河畔（hé pàn）（9）榆阴（yú yīn）

2.教师范背全诗。（配乐）

3.男女生对读。（女同学先读，尽量放慢节奏）

4.诵读提示。（幻灯5诵读要点）

问：诗是美的艺术，如何读出意境？读出美感？（学生回答）

教师小结：

（1）把握诵读的节拍，根据诗意，随文切分。以第一节为例，学生演示其他几段。

（2）注意每节押韵，逐节换韵的特点。

问：七节共用了哪些韵脚？讲究用韵和节拍，体现了新月派"三美"主张的哪一点？

（3）关键词上找感觉。

如第一节，连用三个"轻轻的"，仿佛踮着脚尖在走路，最后一节，两个"悄悄的"增添了一种梦幻般的诗情。

5.出示三种背诵的提示。

（1）背诵提示一。（提示上句，缺省下句）（幻灯6）

（2）背诵提示二。（关键词语：轻轻的、金柳、青荇、榆荫，寻梦、笙箫、悄悄的）（幻灯7）

（3）背诵提示三。（重现康桥实景，画面联想记忆）

（三）整体感知（幻灯8）

1.形式——诗行的排列有何特点？体现了"三美"中哪一美？

学生讨论交流后，教师小结：形式具有一种建筑美，四行一节，每一行诗节的排列错落有致，字数基本为六字，于参差变化中见整齐。

2.内容——概括每节诗的内容。

学生讨论交流后，教师小结：

（1）只身来到和离别康桥；

（2）河畔的金柳倒映康河；

（3）软泥上的青荇；

（4）榆荫下的清潭；

（5）流连忘返，泛舟放歌；

（6）吹奏别离的笙箫；

（7）呼应开头：挥手惜别。

3.层次：

第一部分（1）作别母校生离愁；

第二部分（2—6）泛舟康桥来寻梦；

第三部分（7）悄悄离去心忧伤。

（四）美点感悟

徐志摩在《我所知道的康桥》一文中，曾这样说，"康桥的美全在一条河上，康河，我敢说它是全世界最美的一条河"。

的确，康桥的美是令人向往的。诗中选取了一系列特有的意象，如云彩、金柳、青荇、拜伦潭、星辉等，每一意象都像一幅流动的画面，给人以美的享受。

你最喜欢哪一幅画？请用自己的语言描述一下。

示例一：岸边柳树倒映康河的情景——

河边金灿灿的柳树，倒映在康河里，像夕阳中的新娘撩开面纱，那么轻盈，那么羞涩，柳树的艳影，在我的脑海中久久荡漾。金柳遇康河，康河映金柳，美哉美哉！

示例二：康桥水草——

在康河清浅的水底，在水底温软的泥沙上，那柔嫩、修长的水草绿油油的，在阳光折射下，轻轻地招摇着，那么悠闲，那么雅致。她有着与世隔绝的美，却又并不孤芳自赏，康桥因她而更美，她也因康桥而更妩媚。柔波荡漾，我多么希望自己也变成这样的一棵水草啊！

示例三：榆荫下的清潭——

榆树树荫下有一潭清泉，不，那不是清泉，那是天上的赤橙黄绿青蓝紫，它辉映着水中的浮藻，忽明忽见，碎了一般，积聚着彩虹般多彩的梦想，哦，那便是我往日的愿望和理想！

示例四：泛舟放歌的情景——

我在寻梦吗？独撑一支长篙，载满一船星辉，在星光中期盼，在柳影里徘徊。远处水波更清更静，清澈的波纹和这别离的夜在温柔地消融，呵！美丽的康桥，我不禁放开喉咙，高歌一曲，希望与憧憬充溢心中。

（五）拓展迁移

在徐志摩的诗作中，还有一些玲珑精致的小诗，我们往往忽略了它存在的价值，这里我就提供一首徐志摩的小诗供大家欣赏品味。

（幻灯10　莎扬娜拉）

最是那一低头的温柔

像一朵水莲花不胜凉风的娇羞

道一声珍重，道一声珍重

这一声珍重里有蜜甜的忧愁

————莎扬娜拉！

1.请对这首诗作简要点评。

学生讨论交流后，推举代表作点评：这首诗只有短短五句，但既有语言，又有动作，更有绵绵的情意，非常耐人寻味。

2.请同学们仔细品味这首诗中体现的"三美"，发挥想象，口头描绘一下诗中日本女郎的形态和内心活动。

（六）齐声诵读，结束全文

（七）布置练习：背诵《再别康桥》

《大堰河——我的保姆》

一、教材分析

《大堰河——我的保姆》是人教版高中语文必修1第一单元的现代诗歌。本文是诗人艾青的成名作和代表作，诗作带有自传性质。教学时可从鉴赏重点"情感与意象"入手，既品人，又品文。

二、教学目标

1.诵读诗歌，体会诗人对大堰河的赞颂和感恩之情。

2.揣摩诗歌语言，分析大堰河的形象，赏析刻画人物形象手法。

3.体会诗人对以大堰河为代表的劳苦大众的赞美和同情之情，学会感恩。

三、教学重难点

1.分析大堰河的人物形象。

2.通过意象学习，体会诗歌真挚的感情。

3.将大堰河的人物形象，扩展到广大农村农村妇女，以及底层人物，以此表达诗人的人文关怀。

四、教学时数

2课时。

五、教学过程

▶ 第一课时

（一）导入新课

以《游子吟》导入。

（二）检查预习

1.介绍作者：艾青（1910—1996），原名蒋海澄，浙江金华人。因家人听信算命先生所谓"克"父母的诳言，刚出生就被寄养到贫苦农妇大堰河家。他1928年前往巴黎勤工俭学，1932年回国，加入"左联"从事革命文艺活动，不久被捕入狱。在狱中，他回忆起幼年生活，创作了《大堰河——我的保姆》。

艾青是继郭沫若、闻一多之后推动一代诗风的重要诗人。

主要作品：《大堰河——我的保姆》《向太阳》《火把》《光的赞歌》《古罗马竞技场》等。

2.链接写作背景：

大堰河其实是"大叶荷"的误写。她原出生于离艾青老家五里远的大叶荷村，很小就被卖到艾青的家乡——畈田蒋村当童养媳。她没有名字，人们只好用她的出生地称呼她，"卑微到连自己的名字也没有！"她一生命运非常悲惨：与前夫生了三个孩子；前夫死后，从邻近的下张村招赘，又生了两个孩子。那时农民生活非常艰难，苛捐杂税，还有地主盘剥。大叶荷孩子多，生活更是艰难，她受尽煎熬，仅四十多岁就离开了人世。艾青出生时因母亲难产，算命先生说他会"克死父母"，因此他一出生就受家人歧视，被寄养到大堰河家。艾青就是吮吸着大堰河的乳汁，在她精心爱抚下成长的。直到五岁才被领回家，仍然受家庭歧视，规定他不能叫父母为爸爸妈妈，而要叫叔叔婶婶。因此在艾青的情感世界里，对大堰河的爱远远超过了对父母的爱！因此他"长大一点后，总想早点离开家庭"，18岁就离开了家。1933年1月，他23岁，在狱中他满怀深情写下了《大堰河——我的保姆》。

后来诗人在1953年和1973年两次回乡，都一往情深地去祭扫大堰河的墓。艾青后来曾回忆说："我是在一种被冷漠的环境中生活的"，"只有在大堰河家里，我才感到温暖，得到宠爱，大堰河爱我，我也爱她。""《大堰河——我的保姆》这首诗，是出于一种感激的心情写的。"

（三）整体感知

081

诵读全诗，理清层次，概括感情。

这首诗一共13节，可分为四部分。

1.第1、2、3节为第一部分：怀念与痛悼。

诗从一开始就显示了它鲜明的叙事性质。而重叠反复地咏叹"大堰河，是我的保姆"，为全诗奠定了浓郁的抒情基调。

第3节，诗人在狱中看到窗外大雪，触景生情，以第一人称的口吻，追述大堰河勤劳善良、为生活奔忙而受尽苦难的一生。

2.第4节至8节为第二部分：眷恋与感激。

诗人回忆起"我"与大堰河一起度过的贫苦、然而却让"我"感到无限温暖的生活。用了8个"在你……之后"的句式，为读者真实地再现了大堰河勤劳操持家务的情景。在这些话语中，能感到大堰河勤苦操劳、仁爱善良的行为在"我"心中投下了母爱的光辉。

第5节仅4行，叙述了"我"离开大堰河时的情况。

第6节，将"我"回到自己家中的情形与在大堰河家里的情形进行对比。连续使用排比长句，表现"我"在自己家里的陌生感、拘束感。

第7节，一方面写出了她劳动时的乐观态度，另一方面写出了她为了自己的家而付出的艰辛。

第8节，表现了大堰河对乳儿的淳朴情感。

3.第9、10、11节为第三部分：同情与控诉。

这部分主要写大堰河临终的情况。

4.第12—13节为第四部分：讴歌与赞美。

诗人思绪回到现实，回到监狱，用儿子对母亲的情感，为大堰河"写着一首呈给你的赞美诗"。并将这种情感扩大，直接抒发了对广大劳动人民的敬爱之情。

（四）再读全诗、布置作业

课后朗读全诗，体会诗人笔下的大堰河是一个怎样的形象。

▶ 第二课时

（一）复习上节课所学，进入本课学习

（二）探究问题，感悟重点

1.第3节选择了哪些意象？创造了什么意境，表现了什么感情？

意象：雪压草盖的坟墓，檐头枯死的瓦菲，被典押了的园地长了青苔的石椅；意境：荒寂衰败，萧索凄凉；感情：深情的怀念，低沉的哀思。

2.第4节诗人回忆了在大堰河家的生活，摄取了哪些生活场景？

生活场景：搭好灶火，拍去炭灰，尝到饭煮熟，放酱碗，补好破衣服，包好柴刀砍伤的手，掐死衬衣上的虱子，拿起鸡蛋。

一贯动作：抱在怀里，抚摸我。

表达感情：勤劳、善良，对我深沉而无私的爱。

3.第7节摄取了大堰河哪些劳作场景？她的态度怎样？

劳作场景：洗衣，洗菜，切菜，喂猪，炖肉，晒粮食。

态度：含着笑，勤劳，淳朴。

4.读第9—11节诗歌：大堰河辛劳一生，死后得到了什么？你从中读到了什么？

大堰河死后一无所有。

愤怒控诉不公道的社会世道，深切同情大堰河的悲惨命运。

5.诗人笔下的大堰河是个怎样的形象？

讨论明确：大堰河是勤劳的，她用她厚大的手掌洗衣、做饭、养鸡、喂猪、终日操劳，她又是善良的，她永远是"含着笑"去做每一件农活。

大堰河又是慈爱的，纵使在终日劳作的疲惫之后，她仍然不忘记用她厚大的手掌把我抱在怀里，抚摸我。

她还是博大的，她能像亲生母亲一样，深爱着她的乳儿。

她又是悲苦的，贫苦的，劳累的。多年的贫苦生活过早地夺取了她健康，年仅40多岁就含泪地去了。

她是平凡而伟大的母亲，是普通母亲的代表，也是全中国劳动人民的缩影。

（三）概括提升、体会写作

1.这首诗在意象运用上有什么特点？

这首诗几乎通篇用的都是描述意象，它选择日常生活中真实存在的大量细节构成一幅幅画面，由诗人饱含深情的笔墨把它们化成叙事性的诗句，给人强烈的画面感和情感冲击力。例如诗的第4节，诗人连续用8个排比句，每一句都是一个大堰河日常生活的描述意象，集中塑造了大堰河这个勤劳、善良、朴实、贫苦的农村妇女形象。

2.诗中反复、排比等修辞方法的运用有什么表达效果？

这是一首抒情诗，但它是通过叙事来抒情的，全篇不断使用排比和反复的修辞方法，使这种感情更加凝重、隽永。诗中多次运用排比，使内容凝练，形式整齐，节奏鲜明，气势酣畅。为了加强情感和音节的旋律，诗中还大量运用反复的修辞方法。如第1节的"大堰河"，表现对大堰河特有的深情。第3节的"大堰河，今天我看到雪使我想起了你"，进一步渲染了抑郁低沉的思念之情。第4、6、7、8、10、11节中，也都采用了开头和结尾的诗句反复的手法，使诗歌一唱三叹，回环婉转，增强了诗歌的抒情效果。艾青的回忆到这里就结束了。在他的回忆中，我们看到了一个出身低微，地位低下，却有着金子般美好心灵的大堰河。她勤劳，善良，宽厚，她如同一座雕像，一直矗立在诗人的心中。诗人从回忆的大门走了出来，外面依然是漫天飞舞的雪花，依然是阴冷潮湿的牢房，但诗人却有着按捺不住的澎湃的激情，呈给大堰河由心灵而写成的赞歌。

（四）课堂小结

《大堰河——我的保姆》中流溢着爱，这既是大堰河对她的乳儿的纯洁的、无私的爱，又是她的乳儿——诗人对养育他的乳母的刻骨铭心的爱，然而诗人并未以他的一己之爱为满足，《大堰河——我的保姆》是献给大堰河的，同时也是献给"大地上一切的，／我的大堰河般的保姆和她们的儿子"，这表明了诗人的博大胸怀，同时也是这首诗的普遍价值之所在。母亲的一个关切的眼神，一声轻轻的呼唤，还有那眼角的皱纹、满手的老茧，微驼的背影，哪一个做子女的不应刻骨铭心？用我们的笔、用我们的心来表达对母亲的感激之情吧。

（五）布置作业

历来对本诗的体裁（叙事诗还是抒情诗）都有争议，请同学们查找相关资料，并谈谈你的看法。

单元教学指导

本单元选录了古代记叙散文3篇。这些流传千古的叙事名篇，或记政治、外交风云的变幻，或记杰出人物的传奇故事，学习它们，既可以领略古人的才华和品德，又可以学习和借鉴叙事的艺术。

叙事散文一般是叙述在一定时间内发生的一个故事，有事件，有人物。因此，学习叙事散文要抓住这两点：1. 情节。文章中的事件发生顺序不可能就是生活中的事件顺序，而是作者出于表达需要而重新设置的顺序，这就是常说的故事情节。学习这类文章，首先要弄清作品的层次安排，揣摩作者这样安排的意图。2. 人物。有事件就要有人物，描写人物要通过人物的言行。我们要引导学生明确文学作品中的人物是一种文学形象。学习中要重点弄清人物形象的性格特征和典型意义。

学习古代散文，要反复诵读，悉心体会文言叙事的简洁之美。要运用圈点批注的学习方法，抓住关键词语，概述文章的叙事脉络，化繁为简，提高概括能力和表达能力。

学习古代散文，要知人论世。既要了解作家和他所处时代的社会生活，又要弄清作家的思想状况，还要弄清作家思想对后代文人和文学创作的影响。

下篇　中学语文感悟式教学法的实践

《烛之武退秦师》

一、教材分析

本文选自《左传》，收录在人教版高中语文必修1。它记叙了秦晋联合攻打郑国时发生的故事。郑国被秦、晋两个大国包围，形势危在旦夕，郑伯听从了佚之狐的举荐，派有胆识、有辩才的烛之武前去说服秦伯。烛之武临危受命，不避艰险，只身说退秦军，解除国难，表现了他机智善辩、勇敢爱国的性格特点。

二、教学目标

1.掌握文章中出现的古汉语常识，注意多义词在不同语境中的不同意义和用法。并训练学生古文句读能力和概括能力。

2.学习本文精彩的人物语言——说理透辟，善于辞令，以及起伏跌宕，生动活泼的情节。

3.学习烛之武在国家危难之际置个人安危于不顾，维护国家安全的爱国主义精神。

三、教学重难点

1.烛之武人物形象的把握。波澜起伏，生动活泼的情节

2.通过学习本课，使学生对《左传》的语言特点有所了解。

四、教学时数

1课时。

五、教学过程

（一）创设情境，导入新课

同学们，还记得《三国演义》中张飞大喝三声退曹军的故事吗？张飞是骁勇善战的将军，喝退百万雄师，不足为奇。今天我们学习新课《烛之武退秦师》，来认识一位文人，看他是如何凭借三寸不烂之舌，退却百万雄

师的。

（二）检查预习，同学诵读，让学生注意重点字的读音

氾（fàn）南　　佚（yì）之狐　　共（gōng）其乏困

阙（jué）秦　　秦伯说（yuè）　　逢（páng）孙

（三）再读课文，整体感知

1.引导学生抓关键句。

（1）晋侯、秦伯围郑，晋军函陵，秦军氾南。

（2）若使烛之武见秦君，师必退。

（3）秦、晋围郑，郑既知亡矣。阙秦以利晋，唯君图之。

（4）秦伯说，与郑人盟。使杞子、逢孙、杨孙戍之，乃还。

（5）（晋文公）亦去之。

2.请学生在此基础上概括总结文章脉络。

讨论明确：

秦晋围郑—烛之武临危受命—烛之武退秦师—晋师撤离。

（四）文言知识积累，翻译文中重点语句

1.重点词积累。

之：唯君图之；（代词，指阙秦以利晋）

　　子犯请击之；（代词，代秦军）

　　微夫人之力不及此；（助词"的"）

　　烛之武；（介于姓、名之间的助词）

　　臣之壮也。（用在主谓之间取消句子独立性）

以：余船以次俱进；（介词，按照）

　　富国以农，拒敌恃卒；（介词，凭借）

　　文以五月五日生；（介词，在）

　　扶苏以数谏故，子使外将兵；（介词，因为）

　　以其无礼于晋。（介词，因为）

贰：且贰于楚也；（动词，从属二主，指依附于晋的同时又依附于楚）

　　夫诸侯之贿聚于公室，则诸侯贰。（动词，背叛，有二心）

鄙：越国以鄙远，君知其难也；（名词作动词，把……当作边邑）

　　蜀之鄙有二僧；（名词，边邑）

　　肉食者鄙，又何间焉；（动词，指目光短浅）

我皆有礼，夫犹鄙我。（动词，轻视，看不起）

既：既东封郑，又欲肆其西封。（副词，已经）

微：微夫人之力不及此；（动词，没有）

微斯人，吾谁与归；（动词，没有）

国事衰微；（形容词，小、弱）

见微知著。（名词，小的事情，隐约不清的事情）

与：失其所与，不知；（动词，结交）

桓公知天下诸侯多与己也；（动词，赞同）

与人刃我，宁自刃；（副词，与其）

将欲夺之，必先予之；（动词，给予）

蹇叔之子与师。（动词，参与，参加）

若：若舍郑以为东道主；（副词，如果）

若为佣耕，何富贵也；（代词，你）

愿取吴王若将军头，以报父之仇。（连词，和）

其：君知其难也；（他的，代词）

吾其还也；（表希望的语气副词）

以其无礼于晋。（郑国，代同）

2.特殊文言现象。

通假字：

（1）行李之往来，共其乏困。（共，同"供"。供给）

（2）秦伯说。（说，同"悦"）

（3）失其所与，不知。（知，同"智"）

古今异义词：

（1）微夫人之力不及此。（夫人，一个代词"夫"与名词"人"表达："那个人"之意。今常为一词，尊称一般人的妻子）

（2）亦去之。（去，离开。今常用于从所在地到别的地方，或过去的时间）

（3）行李之往来，共其乏困。（行李，出使的人。今常用于出门时所带的包裹、箱子、网篮等）

词类活用：

（1）越国以鄙远。（鄙，名词作动词，作为边邑）

（2）既东封郑。（东，方位名词作状语，向东面）

（3）肆其西封。（西，方位名词作定语，西面的）

（4）因人之力而敝之。（敝，形容词作动词，损害）

（5）晋军函陵。（军，名词作动词，驻扎）

古汉语句式：

（1）判断句；

邻之厚，君之薄也。（"也"表判断）

以乱易整，不武。（否定判断句）

（2）倒装句；

夫晋何厌之有。（宾语前置句）

佚之狐言于郑伯。（介词结构后置句）

（3）省略句；

许之。（省略主语"烛之武"）

敢以烦执事。（"以"后省略了宾语"之"［代亡郑的事］）

（五）感悟重点

烛之武是怎样一步步说服秦穆公的？这说明他具有哪方面的突出才能？由此可以看出作者在描写人物语言方面达到了什么水平？

讨论明确：本文着重描绘的人物就是烛之武，他是一个杰出的外交家，善于外交辞令。因此把握烛之武的劝说特点对理解人物形象的刻画很有帮助。烛之武为了说服秦穆公退师，采取了高超的攻心战术，大体说来分为五步：

第一步：欲扬先抑，以退为进（郑知之矣）。

第二步：阐明利害，动摇秦君（邻之厚，君之薄也）。

第三步：替秦着想，以利相诱（君亦无所害）。

第四步：引史为例，挑拨秦晋（君之所知也）。

第五步：推测未来，劝秦谨慎（唯君图之）。

（六）拓展迁移

文章在叙事过程中，有什么特别的艺术手法值得我们借鉴的吗？

明确：①"详略得当，重点突出"②"巧设伏笔，首尾呼应"③"波澜起伏，跌宕多姿"（大军压境—佚之狐荐烛之武—烛之武发辞—晋公平息烛之武的怨气—烛之武出使退敌成功—子犯建议攻秦兵—晋公再晓之以理）。

（七）小结《左传》

《左传》中记了众多的历史人物，形形色色，多彩多姿。整部《左传》，犹如一幅人物层现迭出的彩画长卷，展示了风云变幻的春秋时代的社会历史面貌。

①以《春秋》记事为纲，以时间先后为序，详细记述春秋时期各国内政外交等大小事，上起鲁隐公元年，下至鲁哀公二十七年。

②从政治、军事、外交等方面，比较系统地记载了整个春秋时代各国所发生的事件，及一些生活琐事，真实地反映了当时的社会面貌。

③是我国最早最完备的编年史，是先秦著名的文学作品，是历史散文的典范。

《烛之武退秦师》的叙事跌宕起伏，扣人心弦，张弛有度，曲折多变，凸现了主人公烛之武的超群才干和惊世智慧。

（八）布置作业：背诵全文

《荆轲刺秦王》

一、教材分析

《荆轲刺秦王》选自《战国策》，收录在人教版高中语文必修1。本文记叙了在秦军压境、燕国危如累卵的关键时刻，燕太子丹派刺客荆轲借献图为名，以樊於期之头为饵，在秦国朝堂之上刺杀秦王。最后荆轲刺杀失败，慷慨赴死。文章歌颂了荆轲英勇无畏的侠士精神。

二、教学目标

1.借助注释和工具书，理解词句含义，积累文言词语，读懂文章内容。
2.学习并运用提要钩玄的方法，能根据需求，抓住关键句，概括要点，提取精要。
3.学习刻画人物形象的技巧，评价荆轲这个人物形象，体会作品中蕴含的民族智慧和民族精神。

三、教学重难点

1.学习并运用提要钩玄的方法。
2.评价荆轲其人其事

四、教学时数

3课时。

五、教学过程

▶ 第一课时

（一）创设情境，导入新课
知道中国古代四大刺客吗？
师生齐背初中所学《唐雎不辱使命》相关语段：
秦王怫然怒，谓唐雎曰："公亦尝闻天子之怒乎？"唐雎对曰："臣未尝闻也。" ……

专诸刺杀吴王僚的时候，彗星的尾巴扫过月亮；聂政刺杀韩傀的时候，一道白光直冲上太阳；要离刺杀庆忌的时候，苍鹰扑击到宫殿上。还有一位呢？

出示课题：荆轲刺秦王。

（二）背景提示

在战国末期的公元前227年，即秦统一中国之前的6年。当时，秦已于公元前230年灭韩，又于公元前228年破赵（秦灭赵是在公元前222年），秦统一六国的大势已定。地处赵国东北方的燕国是一个弱小的国家。当初，燕王喜为了结好秦国，曾将太子丹交给秦国作为人质。而秦"遇之不善"，太子丹于公元前232年逃回燕国。为了抵抗强秦的大举进攻，同时也为了报"见陵"之仇，太子丹想派刺客去劫持秦王，"使悉反诸侯之地"；或者刺杀秦王嬴政，使秦"内有大乱"，"君臣相疑"，然后联合诸侯共同破秦。荆轲刺秦王的故事，就是在这样的背景下发生的。

荆轲，春秋战国时代有名的四大刺客之一。祖先是齐国人，后迁居卫国，原叫庄轲，到了燕国以后，才叫荆轲，他喜欢读书击剑，结交名人勇士。课文中提到的击筑的高渐离，就是他的朋友之一。燕太子为了刺秦王，先找智勇双全的燕国处士田光。田光觉得自己老了，无法完成太子丹的重托，便向太子丹推荐了荆轲。田光为了激励荆轲，便自杀了。荆轲接受了任务，太子丹高兴万分，马上封荆轲为上卿，精心侍奉……以后，就是课文记叙的情况。

（三）初读课文，初知大意

1.正音正字：

长侍（shì）足下　樊於期（wū jī）　骨髓（suǐ）　燕（yān）国

切齿拊（fǔ）心　匕（bǐ）首　忤（wǔ）视　厚遗（wèi）蒙嘉

鄙（bǐ）人　夏无且（jū）以　药囊提（dǐ）轲　被八创（chuāng）

倚（yǐ）柱　箕（jī）踞以骂　目眩（xuàn）

2.明确学习重点和方法：

（1）结合注释，独立疏解句意。标出未能理解的句子，讨论解决。

（2）运用"提要钩玄"（把握关键句，概括要点，提取精要）的方法解决以下两项：

①勾画出表明故事发展的语句，并能口译句意，整体梳理故事。

②勾画出能表明人物性格的语句，口译，并能做出分析与评价。

（四）结合注释，独立疏解句意，标出未能理解的句子

要求：先独立疏解—再同桌探讨—然后小组辨析—最后师生共解。

【师生共解时，要特别关注一些文言知识。学生没有疑惑的地方，不必再讲解。学生有疑惑的，教师要点拨。教师自己应做好知识梳理或制作知识卡片（附后）】

（五）作业

梳理本文通假字、古今异义、词类活用、文言句式、重点实虚词、固定用法等文言知识。

附：知识卡片（教师需要梳理准备）

1.通假字。

①秦王必说见臣（说，通"悦"，yuè，高兴）。

②日以尽矣（以，通"已"，已经）。

③今日往而不反者（反，通"返"）。

④燕王诚振怖大王之威（振，通"震"，震惊）。

⑤荆轲奉樊於期头函（奉，通"捧"，捧着）。

⑥图穷而匕首见（见，通"现"，出现）。

⑦秦王还柱而走（还，通"环"，绕）。

⑧卒起不意（卒惶急无以击轲卒，通"猝"，仓促，突然）。

2.古今异义。

①樊将军以穷困来归丹；

古义：走投无路，陷于困境。

今义：生活贫困，经济困难。

②仰天太息流涕；

古义：眼泪。

今义：鼻涕。

③丹不忍以己之私，而伤长者之意；

古义：品德高尚之人，此指樊将军。

今义：年长之人。

④今有一言，可以解燕国之患；

古义：可以用它来……。

今义：表可能、能够、许可。

⑤樊於期偏袒扼腕而进；

古义：袒露一只臂膀。

今义：袒护双方中的某一方。

⑥持千金之资币物；

古义：礼物。

今义：钱币。

⑦诸郎中执兵；

古义：宫廷侍卫。

今义：指中医。

⑧乃引其匕首提秦王；

古义：投击。

今义：拿着。

⑨断其左股；

古义：大腿。

今义：量词，用于成条的东西。

⑩左右既前，斩荆轲。

古义：周围侍从。

今义：表方向或大约。

3.词类活用现象。

名词作状语：

①进兵北略地；②此臣日夜切齿拊心也；③函封之；④发尽上指冠。

名词作动词：

①樊於期乃前曰；又前而为歌曰；荆轲顾笑武阳，前为谢曰；左右既前，斩荆轲。

②皆白衣冠以送之。

③乃朝服，设九宾。

使动用法：

①使以闻大王；②使毕使于前；③自引而起，绝袖。

意动用法：

①太子迟之；②群臣怪之。

4.文言句式。

判断句：

①此臣日夜切齿拊心也；②今日往而不反者，竖子也；③事所以不成者，乃欲以生劫之。

省略句：

①秦王购之（以）金千斤；②欲与（之）俱；

③见燕使者（于）咸阳宫；④而（群臣）卒惶急无以击轲。

被动句：

①父母宗族，皆为戮没；②燕国见陵之耻除矣。

状语后置句：

①常痛于骨髓；②给贡职如郡县；③燕王拜送于庭。

定语后置句：

①今有一言，可以解燕国之患，而报将军之仇者，何如？

②太子及宾客知其事者。

③群臣侍殿上者，不得持尺兵。

5.重点实虚词。

①发：

轲既取图奉之，发图（发，打开）；

顷之未发，太子迟之（发，出发）；

发尽上指冠（发，头发）。

②故：

故遣将守关者（故，特意）；

以故荆轲逐秦王，而卒惶急无以击轲（故，缘故）；

鲰生说我……故听之（故，所以）；

君安与项伯有故（故，故交，老交情）；

于是荆轲遂就车而去，终已不顾（故，登上）；

轲自知事不就（故，成功）。

③诚：

诚能得樊将军首（诚，如果真的）；

燕王诚振怖大王之威（诚，的确，确实）。

④度：

度我至军中，君乃入（度，估计）；

卒起不意，尽失其度（度，常态，气度）。

⑤顾：

顾计不知所出耳（顾，只是，不过）；

荆轲顾笑武阳（顾，回头）；

大行不顾细谨（顾，顾忌，考虑）。

⑥为：

父母宗族，皆为戮没（为，被）；

为之奈何（为，对付，处理）；

乃为装遣荆轲（为，准备）；

乃令秦武阳为副（为，作为）；

其人居远未来，而为留待（为，因为）；

荆轲和而歌，为变徵之声（为，发出）。

⑦而：

可以解燕国之患，而报将军之仇者（而，并且，表递进）；

其人居远未来，而为留待（而，因而，表因果）；

今日往而不反者，竖子也（而，却，表转折）；

于是荆轲遂就车而去（而，就，或不译，表承接）；

荆轲逐秦王，秦王还柱而走（而，相当于"地"或不译，表修饰）。

6.固定用法。

①臣乃得有以报太子（"有以"，意为：有用来……的办法）；

②然则将军之仇报（既然这样，那么）；

③荆轲有所待（有……的）；

④仆所以留者，待吾客与俱事所以不成者，乃欲以生劫之（复音虚词"所以"常引出表原因、手段等的分句，译为：……的原因）；

⑤而卒惶急无以击轲（"无以"，意为：没有用来……的办法）；

⑥以故荆轲逐秦王（因此）。

▶ 第二课时

（一）回顾上节课所学，齐读课文1—9段

（二）运用"提要钩玄"（把握关键句，概括要点，提取精要）的方法，勾画出表明故事发展的语句，并能口译句意，整体梳理故事

1.学生围绕下面问题筛选语句，理解课文。

①标题揭示了荆轲刺秦的事实，那么荆轲是如何具体刺杀秦王的？

②秦王戒备森严，荆轲怎么能够接近秦王呢？

③行动之前，燕太子、荆轲做了哪些刺秦准备？

④是什么原因促使荆轲准备刺秦呢？

⑤荆轲刺秦的结果怎样？

要求：由独学到合学。

【同学们先独立疏解—再同桌探讨—然后小组辨析—最后师生形成共识。】

共识如下：

①标题揭示了荆轲刺秦的事实，那么荆轲是如何具体刺杀秦王的？

轲既取图奉之，发图，图穷而匕首见。因左手把秦王之袖，而右手持匕首揕之。未至身。荆轲逐秦王，秦王还柱而走。……荆轲废，乃引其匕首提秦王，不中，被八创。

②秦王戒备森严，荆轲怎么能够接近秦王呢？

既至秦，持千金之资币物，厚遗秦王宠臣中庶子蒙嘉。嘉为先言于秦王。秦王大喜。乃朝服，设九宾，见燕使者咸阳宫。

③行动之前，燕太子、荆轲做了哪些刺秦准备？

荆轲私见樊於期……樊於期遂自刭。预求天下之利匕首，得赵人徐夫人之匕首。令秦武阳为副。

④是什么原因促使荆轲准备刺秦呢？

秦将王翦破赵，虏赵王，尽收其地，进兵北略地，至燕南界。

⑤荆轲刺秦的结果怎样？

轲自知事不就，倚柱而笑，箕踞以骂。左右既前，斩荆轲。

2.请同学们以"刺秦"为主线概括梳理文章内容（故事梗概）。

讨论交流后，作如下梳理，并齐读强化，理解句意：

秦将王翦破赵，虏赵王，尽收其地，进兵北略地，至燕南界。——刺秦原因

荆卿曰：微太子言，臣愿得谒之。今行而无信，则秦未可亲也。诚能得樊将军首，与燕督亢之地图献秦王，秦王必说见臣，臣乃得有以报太子……——刺秦条件

荆轲私见樊於期，樊於期偏袒扼腕而进曰："此臣日夜切齿拊心也，今乃得闻教！"遂自刎。于是太子得赵人徐夫人之匕首，使工以药淬之。令秦武阳为副。——刺秦准备

荆卿怒斥太子，请辞决！遂发。至易水上，既祖，取道。荆轲就车而去，终已不顾。——刺秦诀别

既至秦，厚遗秦王宠臣中庶子蒙嘉（贿赂宠臣）。嘉为先言于秦王。秦王大喜。见燕使者咸阳宫。荆轲奉樊於期头函，而秦武阳奉地图匣，以次进（进见秦王）。轲既取图奉之，发图，图穷而匕首见。因左手把秦王之袖，而右手持匕首揕之。未至身，秦王惊，自引而起，绝袖。荆轲逐秦王，秦王还柱而走（逐刺秦王）。侍医夏无且以药囊提轲。秦王遂拔以击荆轲，断其左股。荆轲废，乃引其匕首提秦王，不中，被八创（被秦所创）。——刺秦经过

轲自知事不就，倚柱而笑，箕踞以骂。左右既前，斩荆轲。——刺秦结果

3.进一步梳理故事梗概：

秦兵至燕南界——刺秦原因

需有信物：樊将军首、督亢地图——刺秦条件

私见於期—於期自刎—预求匕首—配备副手——刺秦准备

怒斥太子—易水诀别—既祖取道—就车而去——刺秦诀别

贿赂宠臣—进见秦王—逐刺秦王—被秦所创——刺秦经过

壮烈献身：左右既前，斩荆轲——刺秦结果

（三）复述故事，加强理解

1.同桌之间轮流复述与倾听。注意对关键语句的筛选与组合。

2.抽同学在全班复述。

（四）布置作业

背诵"易水诀别"。

▶第三课时

（一）抽同学展示背诵（"易水诀别"部分），教师激励、评价

（二）运用"提要钩玄"（把握关键句，概括要点，提取精要）方法，勾画出能表明荆轲性格的语句，口译，并能做出分析与评价

1.要求用"我读出了一个_____的荆轲，依据是（原文）：____"的形式表达，同时强调对原文原句的翻译。

要求：先独立疏解—再同桌探讨—然后小组辨析—最后师生形成共识。

参考：

①我读出了一个"言必信，行必果"的侠义荆轲。依据是："微太子言，臣愿得谒之"。

评：在燕国危如累卵的形势下，挺身而出。说明他深明大义，爱国报恩。

②我读出了一个勇而多谋、城府很深的荆轲。依据是："今行而无信，则秦未可亲也"，"诚能得樊将军首，与燕督亢之地图献秦王，秦王必说见臣。"

评：能在严峻的形势面前，冷静地分析，抓住事件的要害。

③我读出了一个果敢勇决、侠肝义胆、擅长辞令、精明多智的荆轲。依据是："私见樊於期"，接着"三问"："秦之遇将军，可谓深矣。父母宗族，皆为戮没。今闻购将军之首，金千金，邑万家，将奈何？""今有一言，可以解燕国之患，而报将军之仇者，何如？""愿得将军之首以献秦，秦王必喜而善见臣。臣左手把其袖，而右手揕其胸，然则将军之仇报，而燕国见陵之耻除矣。将军岂有意乎？"

评：这一席对话，先动之以情，激起樊将军对秦不共戴天之仇；然后晓之以理，说明此举一可报仇二可解燕国之患；最后告之以谋，让樊於期明白自己的行动计划。结果，让樊将军慷慨献身。足见荆轲的精明睿智。

④我读出了一个不畏权势、正直刚烈、重义轻死的侠士荆轲。依据是："荆轲怒，叱太子：'今日往而不反者，竖子也！今提一匕首入不测之强秦，仆所以留者，待吾客与俱。今太子迟之，请辞绝矣！'"

评：荆轲是一个轻生死、重承诺，"士可杀不可辱"的侠士，具有耿直刚烈的性格。

⑤我读出一个慷慨悲壮、赴汤蹈火、义无反顾的荆轲。依据是："至易水送上，既祖，取道。高渐离击筑，荆轲和而歌，为变徵之声，士皆垂泪涕泣。又前而为歌曰：'风萧萧兮易水寒，壮士一去兮不复还！'复为慷慨羽声""遂就车而去，终已不顾"。

评：这一描写，充分展现了一个慷慨赴死、义无反顾的悲壮之士的形象。

⑥我读出一个胆大心细、行事周密的荆轲。依据是："既至秦，持千金之资币物，厚遗秦王宠臣中庶子蒙嘉。"

评：这一举动表明荆轲深谋远虑，豪侠而不莽撞，善于借助外力为自己行事服务。

⑦我读出一个沉着机智、镇定自若的荆轲。依据是："至陛下，秦武阳色变振恐，群臣怪之，荆轲顾笑武阳，前为谢曰：'北蛮夷之鄙人，未尝见天子，故震慑，愿大王少假借之，使毕使于前。'"

评：荆轲临危不惧，沉着镇定，机智应对，在不露痕迹中化险为夷。

⑧我读出一个英雄虎胆、视死如归的荆轲。依据是："轲既取图奉之，发图，图穷而匕首见。因左手把秦王之袖，而右手持匕首揕之。未至身，秦王惊，自引而起，绝袖。荆轲逐秦王，秦王还柱而走。侍医夏无且以药囊提轲。秦王遂拔以击荆轲，断其左股。荆轲废，乃引其匕首提秦王，不中，被八创。轲自知事不就，倚柱而笑，箕踞以骂。左右既前，斩荆轲。"

评：荆轲置个人生死于度外，勇于自我牺牲，是效忠国家、勇于斗争、宁死不屈的勇士。

2.提供资料，了解历史名人评荆轲。

司马迁《史记·刺客列传》："其立意较然，不欺其志，名垂后世，岂妄也哉。"

左思《咏荆轲》："虽无壮士节，与世亦殊伦"，"贱者虽自贱，重之若千钧"。

龚自珍："江湖侠骨"。

3.师生共同讨论。

作为一个漠视他人和自己生命的冷酷刺客，荆轲具备此类人物必备的多种素质。冷酷无情是其本质特征，冷静、沉稳、视死如归是其主要个性。

司马光《资治通鉴》卷七分析荆轲的性格："夫其膝行、蒲伏，非恭也；复言、重诺，非信也；糜金、散玉，非惠也；刿首、决腹，非勇也。"一个冷面杀手，一个暴力狂徒，一个恐怖分子，即以封建道德观念评判，亦难称"恭、信、惠、勇"。荆轲的玩命绝不是为了某种理想，仅仅是为了报答太子丹的所谓知遇之恩。因此，荆轲性格不应肯定。

北宋苏洵："始速祸焉"。

南宋鲍彪为《战国策》作注："轲不足道也。"

朱熹："轲匹夫之勇，其事无足言"。

（三）赏析人物形象：太子丹和樊於期

学生交流后，归纳：

太子丹——不以燕国弱小无力而坐待灭亡，抵御秦国的侵略，急起奋发，图谋保卫国家。孤注一掷，诚不得已也。但急于求成，"始速祸焉"，欲速则不达。

樊於期——身为秦将，但因得罪秦王，"父母宗族，皆为戮没"，逃亡燕国。他对秦国之恨，是刻骨铭心的。但是为了报仇，能不能献出自己的头，这确是一个考验。樊将军为解燕国之患，为报己之仇，毅然决然自刎。不失为一个反抗强暴的英雄。

（四）通过赏析"易水诀别"场面的描写，了解《战国策》及其文章的特色。

1.作者是怎样描写"易水诀别"这一场面的？

教师指点：

（1）抓住特点。如对送行者的描写，抓住"白衣冠"这个特点。

（2）突出重点。在众多的人物中，重点写荆轲，"既祖，取道"略写，重点写慷慨悲歌。

（3）顾及全面。太子、宾客、高渐离、士等在场人物都顾及了，而且通过写"上皆垂泪涕泣""士皆瞋目，发尽上指冠"渲染凄凉悲怆的氛围和同仇敌忾的气势。

（4）有条不紊。人物活动按时间顺序描写。

（5）结合写景。"风萧萧兮易水寒"，给人以身临其境的感觉。

2.由"易水诀别"场面描写认识《战国策》文章特点：

《战国策》杂记东西周及秦、齐、楚、赵、魏、韩、燕、宋、卫、中山诸国之事。其时代上接春秋，下至秦并六国，约240年（公元前460—公元

101

前220）。《战国策》是国别体。作者不可考，西汉刘向重新整理，定名为《战国策》。

《战国策》的基本内容着重记载了策士谋臣的策略和言论，保存了不少纵横家的著作和言论。

《战国策》的文章特点是长于说事，无论个人陈述或双方辩论，都喜欢夸张渲染。就历史散文的明白流畅来说，已经达到了前所未有的高度。书中说事常常运用巧妙生动的比喻，通过许多有趣的寓言故事，说明抽象的道理，富有说服力和鼓动性。

（五）布置作业

1.文中有许多起烘托作用的人物、环境描写，你认为哪一处写得最好。

2.评价性阅读训练：如何正确评价荆轲这一历史人物以及他的历史作用？

《鸿门宴》

一、教材分析

《鸿门宴》选自《史记·项羽本纪》，收录在人教版高中语文必修1。本文记叙了项羽和刘邦之间的一场惊心动魄的宴会，情节跌宕起伏，生动地描述了刘邦从被动中争取主动，变劣势为优势，化险为夷的过程，人物形象刻画得栩栩如生。

二、教学目标

1.了解课文中词类活用、古今异义、成分省略等语言现象，掌握"举""谢""为""斗""因"等古汉语词，能够翻译全文。

2.了解"鸿门宴"故事，认识这一斗争的性质，正确评价有关人物。

3.学习作者把人物放在激烈的矛盾斗争中，通过人物的语言、行动展示人物个性特征的写作方法。

三、教学重难点

1.课文情节起伏，人物形象鲜明，拟作为叙事写人的记叙文处理，以人物形象的刻画为教学重点。

2.课文篇幅较长，阅读有一定难度，采用讲析与讨论相结合的教学方法，并使用多媒体课件辅助教学。

四、教学时数

3课时。

五、教学过程

▶ 第一课时

（一）创设情境，导入新课

1.板书或投影项羽的《垓下歌》，学生齐诵（尽量读出这首楚歌慷慨悲凉的意味）。简析《垓下歌》，播放屠洪刚《霸王别姬》歌曲作背景音乐。

2.介绍司马迁、《史记》的时代背景，引入新课。

要点：

（1）项羽主要历史功绩：击溃秦军主力，是暴秦的主要掘墓人。

（2）项羽起兵反秦目的：取秦王而代之，重建楚王朝，与陈胜、吴广揭竿而起有区别。

（3）项羽迷信武力，始终没有（也不可能）认识自己败亡的原因。他把一切归结于"天意"，是"时不利"，自刎之前，他仰天长叹："此天亡我，非战之罪也。"

（4）"鸿门宴"前，怀王与诸将有约："先入关者王之"。

（二）检查预习

1.积累词语；

2.复述故事情节，了解课文大意。

（三）朗读课文

1.教师读课文；

2.学生自由读课文，借助课文注释和工具书，理解文意。

（四）梳理情节，整体感知

学生概括课文内容，理清脉络，教师板书。

序幕——曹无伤告密

开端——范增献计

发展——项伯夜访、刘项约婚、刘邦谢罪

高潮——范增举玦、项庄舞剑、项伯翼蔽、樊哙闯帐

结局——刘邦脱逃、张良留谢

尾声——刘邦诛曹

（五）布置作业

1.积累文中出现的成语。

2.反复朗读课文，把握文章故事情节。

▶第二课时

（一）齐读课文，抽查正音情况

（二）学生复述故事情节

宴会前（1—2），无伤告密、范增献计、项伯夜访、张良定计、刘项约婚——起因：

宴会中（3—4），刘邦请罪、范增举玦、项庄舞剑、樊哙闯帐——经过；

宴会后（5—7），刘邦离席、张良献计、无伤被诛——结果。

（三）感悟美点

阅读文章3—4段，把握人物出场顺序，情节张弛有度，三起三落，波澜起伏。

范增举玦（起）——项羽不应（落）

项庄舞剑（起）——项伯翼蔽（落）

樊哙闯帐（起）——项王款待（落）

（四）项羽人物形象探究

问题1：项羽的性格特点如何？依据是什么？

师点拨：（1）沽名钓誉、缺乏政治远见；

　　　　（2）刚愎自用；

　　　　（3）胸无城府；

　　　　（4）寡谋轻信、轻敌自大。

问题2：项羽的性格特点是如何体现的？

师点拨：（1）作者善于在矛盾中刻画人物形象。文章在"项羽是否发起进攻，刘邦是否安然逃脱"的矛盾中展开。

（2）采用对比烘托手法，用刘邦来烘托项羽。刘邦善于用人、能言善辩、狡诈多端、当机立断等。

问题3：结合课文分析，性格在人物成败方面起到什么作用？

作者认为性格起到决定性作用。作者把项羽当作悲剧英雄，既有赞叹，又有惋惜。

（五）分角色朗读课文

本文故事性强，人物形象丰满。项羽、刘邦、范增、张良、樊哙等栩栩如生。请同学们分角色朗读，揣摩人物性格。

（六）布置作业

1.熟读背诵课文三、四两段；

2.结合课文，谈谈你对项羽或者刘邦的认识。

▶ 第三课时

（一）检查背诵

（二）分类归纳文言知识

（1）词类活用。

①吾得兄事之——名词作状语，像对待兄长那样；

②项伯乃夜驰之沛公军——名词作状语，连夜；

③常以身翼蔽沛公——名词作状语，像翅膀那样；

④籍吏民，封府库——名词作动词，登记在册；

⑤沛公军霸上——名词作动词，驻扎；

⑥沛公欲王关中——名词作动词，统治；

⑦范增数目项王——名词作动词，用眼示意；

⑧道芷阳间行——名词作动词，取道；

⑨项伯杀人，臣活之——动词使动用法，使……活；

⑩素善留侯张良——形容词作动词，交好。

（2）古今词异义。

①沛公奉卮酒为寿，约为婚姻。

古义：儿女亲家，女方之父为婚，男方之父为姻。

今义：因结婚而产生的夫妻关系。

②备他盗之出入与非常也。

古义：不同寻常，意外的变故

今义：副词，很

③今人有大功而击之。

古义：现在别人

今义：现在的人

④而听细说。

106

中学语文感悟式教学法的探索与实践

古义：小人的谗言

今义：详细说来

（3）通假。

具以事告（"具"通"俱"，全部）。

要项伯（"要"通"邀"，约请）。

距关，毋内诸侯。（"距"，通"拒"；"内"，通"纳"，接纳，准于入内）

不敢倍德（"倍"通"背"，违反）。

不可不蚤自来谢项王（"蚤"，通"早"）。

（4）句式。

"人方为刀俎，我为鱼肉，何辞为？"（"何辞为？"疑问代词宾语前置）。

且为所虏（且：将；为所：为……所，"为"后省略行为主动者）。

公岂敢入乎？（"敢"，能够）

（三）感悟重点；讨论分析人物形象

张良、范增是两个什么样的人物？他们在"鸿门宴"中处于什么地位？

提示：张良是刘邦的主要谋士，他多谋善断，精通韬略，临变不惊，处事有方。是他为刘邦定下了"韬晦之计"（回顾《三国演义》曹操煮酒论英雄故事里的刘备行"韬晦之计"），以"不敢倍德"、无意于称王蒙蔽项伯，欺骗楚王，终于化险为夷。是他为刘邦作了精心的部署，周密的准备，从而赢得了斗争的胜利。

尤其值得一提的是张良不像范增那样妄自尊大。他认为刘邦称王不是时候，但并不明确否定，只是问了一句："谁为大王为此计者？"他认为不可以武力与项羽相斗，也只是委婉地探询："料大王士卒足以当项王乎？"刘邦远不像项羽那样自信，张良却仍然处处留心，始终把自己放在谋臣的位置上。这是刘邦对他绝对信任的关键。可以说张良是"鸿门宴"这一事件的总导演。

范增是项羽的主要谋士，项羽称为"亚父"，可见其地位不同寻常。他的政治观察力，他的才智谋略绝不逊于张良。但他对项羽尤其是对项羽的妄自尊大，并不完全了解，他以命令的口吻要项羽攻打刘邦："急击勿失"，他在席上"数目项王，举玉以示之者三"，要项羽"按既定办"。他擅自布置项庄舞剑，已经造成欲取项羽而代之的客观影响，但他既不知人，也不知己，这是范增的致命弱点。他与张良构成了鲜明的对照。"鸿门宴"这场斗争可以说是张良与范增的斗智。对整个事件的演变，两人举足轻重，可谓关键人物。但是，两人毕竟只是谋臣，唱主角的是双方的决策者，是项羽和刘邦。

（四）拓展延伸：阅读下面历史名人对项羽的评价，写读后感

1.杜牧《题乌江亭》：

胜败兵家事不期，包羞忍辱是男儿。

江东子弟多才俊，卷土重来未可知。

2.王安石《乌江亭》：

百战疲劳壮士哀，中原一败势难回。

江东子弟今虽在，肯与君王卷土来。

3.李清照《咏项羽》：

生当作人杰，死亦为鬼雄。

至今思项羽，不肯过江东。

（五）布置作业

你觉得本文中哪个人物最打动你？写一篇人物评论。

单元教学指导

这些文章所描写的都是现实生活中真实的人和事。作者描摹他们的音容笑貌，叙述他们的行为事迹，字里行间饱含了真挚的情感和深刻的感悟。阅读这些文章，可以帮助我们增长见闻，明辨是非，领悟时代精神和人生意义。

学习这类文章，要透过对人和事的描写，仔细揣摩人物的言行、心理，体察人物的个性、情操，着重体会作者如何在人物描写中表达对人物品性的评价，如何在叙事中表达自己的感情倾向。概括起来，要注意四点：

1. 要把握写人记事散文的基本要素。写人记事散文一般包括时间、地点、人物和事件的发生、发展、结局等六个基本要素。这是了解文章内容的基础，我们只有把人物的活动轨迹和事件的来龙去脉都搞清楚了，才有可能依据文本准确把握文章的主旨。

2. 要理清文章脉络。阅读这类文章，首先要把握文章的线索，弄清人物主次关系，思考文章记叙顺序和详略安排。

3. 学习掌握"描写、记叙、议论、抒情"的表达方式在文中的正确运用，并进行欣赏品析。对于"记叙、描写"的内容，要仔细分析，准确概括，要思考作者为什么要这样的客观陈述，这些记叙和描写对作者想表达的思想感情有何作用；对于"议论、抒情"的内容，要认真揣摩，切实领会，要读懂作者的主张和思想，明确文章的主旨。

4. 学习掌握人物形象的塑造方法。

记念刘和珍君

一、教材分析

本文选自《华盖集续编》，收录在人教版教材高中语文必修1。它记叙了爱国青年刘和珍等人的事迹，控诉了反动政府对青年学生的暴行，痛斥走狗文人卑劣无耻的流言，沉痛悼念刘和珍等遇害青年，表达了作者的悲哀和尊敬的心情。

二、教学目标

1.在理清思路的基础上，理解含义深刻的句子，把握课文主要内容。

2.了解课文记叙、议论、抒情三种表达方式综合运用的写法。

3.学习爱国青年的精神，深入理解文章的思想感情，增强民族自尊心、自信心。

三、教学重难点

1.理清作者思想感情的发展脉络。

2.理清文章思路，深入理解文章中含义深刻的句子。

四、教学课时

3课时。

五、教学过程

▶ 第一课时

（一）创设情境，导入新课

同学们，发生在1926年的三·一八惨案是日本帝国主义支持下的段祺瑞政府屠杀爱国请愿人民的血的历史，是二百多名请愿群众倒在血泊中的惨烈的一幕，更是中国人残害中国人的一场罪恶、一场悲哀、一场耻辱！路，还没有开始就走到了尽头；梦，还来不及做就永远不再醒来。刘和珍，这位年仅22岁的女大学生就这样倒在了反动派的枪弹之下。在惨案发生后的第六天，鲁迅先生终于按捺不住心中的悲愤，毅然写下了这悲愤沉痛的悼念文章——《记念刘和珍君》，以此来警醒中国人民永远记住这笔血债！

请一位同学读一下文中注释①，大家体会一下作者写这篇文章的感情基调。（提示：悲、愤！）

（二）简介作者并解题

1.指名学生简介本文的作者。（提示：鲁迅，原名周树人，字豫才，浙江绍兴人，中国现代最伟大是文学家、思想家、革命家。我们熟悉的作品有《故乡》《孔乙己》《从百草原到三味书屋》《社戏》等）

2.解题：题目中的"记"相当于"纪"，并非另有其意，不能把"记念"一词理解为"记叙、怀念"。在白话文刚刚兴起时，人们有时不能严格界定字词，如文中"那里还能有什么言语"中的"那"实为"哪"，鲁迅当时用"记念"实为我们今天所说的"纪念"。

3.君：对人的尊称。

（三）整体感知全文，理清脉络

1.听录音朗读课文。

注意体会本文"悲愤"的感情基调，注意生字词。

2.给文章的七个小节分层次，并归纳其大意。

讨论明确：文章七个小节，可以分为三个部分：

第一部分（1—2），交代写作缘由；

第二部分（3—5），记叙刘和珍的生平和遇难经过；

第三部分（6—7），评述惨案的教训和意义。

3.找出文中有关刘和珍的三件事情，并以此分析她的形象和高尚品质。

讨论明确，有关刘和珍的三件事情是：

（1）预定《莽原》全年，表现了她要求进步，追求真理的品质；

（2）反抗校长，表现她勇敢顽强，有正义感、有责任感等品质；

（3）参与请愿并遇害，表现了她英勇、进步为国家和民族勇于牺牲的爱国精神等。

刘和珍的外表形象：始终微笑着，态度很温和。

（四）细读课文，探究问题

本文题为"记念刘和珍君"，但明显不全在写刘和珍，那么请同学们找出文中一共写了几类人？三一八惨案后他们各自的动向如何？作者对他们的态度和感情怎样？由此能否推出作者写作目的？

讨论明确：（1）爱国青年，是"猛士"；作者态度和感情是"悼念尊敬"；写作目的是"鼓励"。

（2）反动派当局者、流言家，是"有恶意的闲人"；作者态度和感情是"控诉抨击"；写作目的是"揭露"。

（3）庸人、无恶意的闲人，是"麻木的民众"；作者态度和感情是"哀伤"；写作目的是"唤醒"。

总结：由此可见作者写作本文的目的除了要悼念在惨案中牺牲的爱国者刘和珍等人外，更深远的意义应在于评述惨案，以此来鼓励生者、激励猛士，揭露敌人，唤醒庸人，评述惨案的教训和意义等。而纪念刘和珍正是本文写作目的的切入点。

（五）布置作业

1.熟读全文，尽力背诵第2小节。

2.在理清文章三大层次的基础上，概括各小节的意思。

▶ 第二课时

（一）复习上节课学过的内容，导入新课

上堂课我们学习了本文的写作背景，概括出了本文"悲愤"的感情基调，了解刘和珍的生平，知道本文写作目的。这堂课我们具体学习一下文章的1、2、3、4小节，看作者是如何纪念死者、评述惨案的。

（二）再读文章，突破难点

1.齐读1、2小节，要求带着以下问题：

（1）作者在第1、2节都说道"有写一点东西的必要了"，请问各有什么含义？

（2）本段段意既然为交代写作缘由，请问其写作缘由是什么？

讨论明确：第一节"我也早觉得有写一点东西的必要了"，这个"必要"说的是要悼念遇害者刘和珍，奉献作者最大的悲哀和尊敬，控诉段政府的暴行和抨击反动文人的阴险论调。"也"和"早"二字说明作者要作文纪念的愿望由来已久。作文不仅是应程君的要求，更主要的是出自我本身的意愿。第二个"必要"在与唤醒庸人，要人们牢记血债。因此本段交代的写作缘由是悼念死者，揭露敌人，唤醒庸人。

2.品读文中重点语句：

（1）文章开头作者如此郑重其事地说明本文的写作时间"中华民国十五年"，其中有何深意？（提示：含有揭露和讽刺意味。中华民国并非人民的民国，而是屠杀人民的机器。）

（2）追悼会那一天，我为何独在礼堂外徘徊？（提示：作者无法承受追悼会的悲痛，独自徘徊沉思。）

（3）作者反复说"只能如此而已"，又称自己献上的只是"菲薄的祭品"，说明了作者怎样的心情？（提示：表达作者认为未能以更好的方式悼念死者，深感歉意。）

（4）"我已经出离愤怒了"是什么意思？（提示：愤怒到了极点的意思。）

（5）"以我的最大哀痛显示于非人间，使它们快意于我的苦痛"一句，他们指什么人？"快意于我的苦痛"怎么理解？（提示："它们"指反动派。"快意于我的苦痛"实际是警告反动派别高兴得太早，总有一天血债必将血偿！）

（6）"真的猛士，敢于直面惨淡的人生，敢于正视淋漓的鲜血。这是怎样的哀痛者和幸福者？"一句，"真的猛士"指什么？"惨淡的人生"什么意思？"哀痛者和幸福者"分别指什么人？（提示："真的猛士"指真正勇敢的革命者。"惨淡的人生"指反动派统治下的黑暗现实。"哀痛者和幸福者"分别指看到黑暗现实，哀痛于国家和人民而无力改变的人和敢于正视黑暗现实，为国为民敢于斗争敢于牺牲的人。）

3.齐读第3节，讨论：

（1）作者说"刘和珍是我的学生"，"现在却有些踌躇了"为什么？作者称自己是"苟活到现在的我"表达了作者怎样的心情？由此可以看出作者怎样的品质？（提示：踌躇是因为作者认为刘和珍是为中国而死的青年，我应该对她奉献我的悲哀和尊敬。表达作者自责内疚的心情。反映了鲁迅先生自谦、勇于自我剖析的品质。）

（2）提醒同学们再次记忆刘和珍的形象：始终微笑着，态度很温和。

4.细读第4节，思考：

（1）该节主要讲什么？分层次，用四个字概括层次大意。（提示：主要是概述惨案。分四层，听到噩耗—颇为怀疑—尸骸为证—听到污蔑—悲愤号召。）

（2）"卫队居然开枪"的"居然"二字说明了什么？（提示：一是出乎意料，二是反映了敌人的凶残。）

（3）"我向来是不惮以最坏的恶意，来推测中国人的"一句如何理解？其中的"中国人"指什么人？（提示："中国人"指反动派，意思是敌人的凶残远远超出我的意料。）

（4）敌人说她们是"暴徒"和"受人利用"，同学们能否在文中找出反驳他们的证据？（提示："始终微笑着，态度很温和。""欣然前往"，"请愿而已"等。）

（5）"衰亡民族之所以默无声息的缘由"是什么？（提示：敌人残暴凶杀的暴力统治和反动文人用反动舆论进行的思想统治，屠刀加钳口术的专制性统治，使得我们的民主更加衰亡。）

（6）"沉默呵，沉默呵！不在沉默中爆发，就在沉没中灭亡。"一句中，用了什么修辞手法？后面一句是什么复句？有何含义？（提示：反复的修辞手法。选择复句。意思为沉默到了极点，就将是爆发的时候。这里既有对反动派的警告，也有对后死者的呼唤，激励和鼓动。）

（三）课堂小结

这一部分，作者以无比悲痛的心情，向牺牲的爱国青年们献上他的悲哀和尊敬；以无比愤慨的心情，抨击着敌人的无耻谰言；以无比激昂的口号激励后死者的爆发。

（四）布置作业

背诵2、4小节，思考几个问题：

1.作者在第五节如此详写惨案的经过有何深意？

2.作者对请愿的态度如何？

3.作者对惨案的意义作何评价？

▶ 第三课时

（一）检查复习

检查作业完成情况，复习上一节课内容。抽查一两位同学背诵。

（二）根据上节课布置的作业导入新课

1.作者在第5节如此详写惨案的经过有何深意？

（提示：一是揭露了敌人的凶残，证明那简直就是虐杀，二是赞扬了三个女子临难从容、互相救助的精神。）

2.作者在第4节说"：我还有什么话可说呢？到第五节又说"我还有要说的话"。各是什么意思？

（提示：无话可说是因为敌人暴力和无耻谰言令人震惊、愤怒说不出话；还有要说的话是作者要揭露敌人。）

3."这是怎样的一个惊心动魄的伟大呵"一句中，"这"字指代什么内容？下面的伟绩和武功如何理解？

（提示："这"指上文的"三个女子从容地转辗于文明人所发明的枪弹的攒射中"。"伟绩"和"武功"用了反语的修辞手法，用了"互文"的写作手法两句所讲的内容一样，这句话讽刺了中外反动者沾沾自喜于自己的暴力的丑恶嘴脸。）

4.作者用煤的形成类比什么？作者对徒手请愿的态度如何？

（提示：类比请愿的收效不大，作者不赞同徒手请愿方式！）

5.作者在此引用陶渊明的诗，用意何在？介绍一下陶渊明。

（提示：作者认为尽管请愿收效甚微，但对社会还是有一定影响的。勇士们的鲜血不会白流。）

陶渊明，名潜，字元亮，浔阳柴桑人，因在彭泽县当过县令，故人称"陶彭泽"，晚年自号"五柳先生"，死后，朋友私谥为"靖节"，故世号"靖节先生"，后人称他为田园诗始祖。作品有《桃花源记》《归去来兮辞》等。（作者引用此诗有青山埋忠骨之意）

6."苟活者在淡红的血色中，会依稀看到微茫的希望；真的猛士，将更奋然而前行"这句是什么复句？如何理解该句？

（提示：并列复句。这句恰当地评价了惨案的意义，尽管苟活者很多，但即使是苟活者，也会看到一点希望，哪怕实际是微茫的，而猛士们会在烈士精神的鼓励下，更加勇猛地前进、斗争！）

7.文后作者又说"呜呼，我说不出话，"作者明明说了这么多，怎么又说不出话呢？

（提示：在此，表达了作者无尽的悲愤和深深地歉意。）

（三）课堂总结

烈士的鲜血不会白流，它就像破晓的阳光，虽然微弱，但充满希望。

文章的前两节是序曲，中间三节是文章的主体，后两节是主体内容的升华，又回应开头。在每节文章中，悲愤的情感贯穿始终。所以，本文的线索就是悲愤交加的情感。

（四）布置作业

1.背诵课文的第一、第二部分和陶渊明的诗《挽歌》。

2.完成配套的《导学与同步训练》。

《记梁任公先生的一次演讲》

一、教材分析

本文选自《梁实秋散文选集》，收录在人教版普通高中语文教材必修1。它详细地记叙了梁任公先生的一次精彩的演讲，表现了梁任公先生博学多识、开朗直爽、谦逊自负、稳健潇洒的性格特点，表达了作者对梁任公先生的无比敬仰之情。

二、教学目标

1.借助圈点批注阅读材料，理解梁任公的形象和性格特征；

2.学习外貌、言行、细节描写及侧面烘托的人物写作方法；

3.体察任公先生的真性情与爱国情怀，体会作者对梁启超先生的崇敬之情。

三、教学重难点

1.学习细节凸显人物个性的写作方法

2.理解梁任公先生的爱国情怀。

四、教学时数

1课时。

五、教学过程

（一）创设情境，导入新课

精彩的演讲是一门艺术，需要声情并茂。而把精彩的演讲定格、记录下来也是一门艺术。今天我们学习《记梁任公先生的一次演讲》，可以同时领略梁启超和梁实秋两位大家的风采。

（二）初读课文，整体感知

1.学生自由、大声地朗读本文。

2.解题。

标题是"记梁任公先生的一次演讲",这篇文章中心是不是写一次演讲呢?

明确:不是,本文似是记事,实为写人,是通过演讲这件事来写梁启超先生。以号相称,这是学生表达对老师的敬意。可见,这篇文章里,作者流露的应该是对梁启超先生崇敬、景仰之情。

3.给下列字词正音。(多媒体展示)

莅临　戊戌　叱咤风云　精悍　激亢　箜篌　蓟北

4.本文是回忆性文章,演讲是1921年,文章写于1974年,读一读,本文写了什么?

讨论明确:

第1段:简述演讲的背景,为写演讲作铺垫;

第2—9段:写演讲;

第10段:点明梁任公先生作为学者的主要特点,结束全文。

(三)感悟重点:品读精彩片段

1.精彩之一(演讲稿):

可以结合课后练习题第一道。做旁注是一项基本功。所谓"不动笔墨不成书",接下来的解读,边阅读边标注旁批。

2.精彩之二(出场):

第一次亮相,也就是第三段,是对任公肖像的描写,请同学齐声朗读出场时的形象。通过分析"短小精悍""光芒四射",可以看到,相貌一般,内在精神的不一般,这就是什么的写法?(抑扬)

3.精彩之三(开场白):

进入第四段,引导学生朗读开场白"启超没有什么学问,可以也有一点略",这种开场白经常听到吗?(不)除了感受到他的幽默,我们还可以感受到他的爽直。梁实秋除了写了开场白,还写了什么呢?(动作)哪些动作呢?("扫""翻""点"三个动作)作者正是通过语言和动作描写的结合,准确地写出了气度非凡的学者风范。

4.精彩之四(朗诵解释《箜篌引》):

古诗"箜篌引:公无渡河,公竟渡河!渡河而死;其奈公何!这四句十六字,经他一朗诵,再经他一解释,活画出一出悲剧"到底这十六个字蕴含了一个什么故事呢?

请同学们默读第5、6自然段，想想任公先生的朗诵效果如何？你通过什么而得出结论？

明确：古诗有情节、起承转合、背景、人物、情感，活画出一出悲剧。

——文采出众、表达到位、技巧纯熟；（正面描写）

作者听后20余年渡河时仍能触景生情，回忆当年事。

——演讲内容、效果深入人心，照应首段末句。（侧面描写）

这首诗选自《乐府诗集》，王国维曾经评价这首诗说："这十六个字构成诗坛最凄惨悲壮的一幕，是用鲜血写成的。"这首诗的凄惨悲壮体现在哪儿？我们来仔细分析一下那位白发狂夫为什么要渡河？我们不知道，但是我们知道在乱流中渡河有危险吗?这是肯定有危险的，他明知前面有危险还要去渡河，这体现了他什么性格品质？

任公先生讲这首诗时这般感慨，这样一种"明知山有虎，偏向虎山行"的执着，一种直面死亡的勇气，从中我们可以看出梁对白发狂夫寄予了怎样的感情？（敬佩）劝他不要渡河，他偏要渡河，明知山有虎，偏向虎山行，虽然事情的发展会以生命为代价，但仍有不屈者勇敢前行。从表面看来这是反映一个至情至性的爱情悲剧故事，但隐含了任公先生的政治倾向与立场。他就如那位白发狂夫般坚持自我理想，在明知不可为的情况下仍执意为之，即使失去生命也在所不惜，颇有"飞蛾扑火"亦绝不后悔的气概。

5.精彩片段之五（背诵）：

朗读第7自然段，想想任公先生背诵出色体现在哪里？观众有什么明显的反应？

明确：出色——能够脱稿演讲，博闻强记。

我去网上下载了这篇演讲稿来看，总字数有45135，里面大量的旁征博引，《诗经》、《左传》、诗词歌赋、戏曲小说等信手拈来，浑然天成，真的是博学多才。这一段中有一个细节描写得非常精彩，大家把它找出来看看。

动作描写："记不起下文，他便用手敲打他的秃头"，形象而风趣，仿佛梁先生就在眼前，动作很滑稽，让人忍俊不禁。

观众反应：他记不起来，观众屏息以待；他记起来时，观众跟着他欢喜。

（他的背诵十分牵动人心，让观众的情感完全跟随他而起伏）

从侧面写出了梁的演讲已经深深地感染了听众。

6.精彩之六（表演）：

同学们，接着看下一个片段。作者又为什么说"先生的演讲，到紧张处，便成为表演"？

明确：手之舞之足之蹈之，掩面、顿足、狂笑、太息。

（感情相当投入，语言动作并重，就如同忘我的表演）

"先生的讲演，到紧张处，便成为表演，他真是手之舞之足之蹈之，有时掩面，有时顿足，有时狂笑，有时太息。"手舞足蹈，时悲时喜，表现了他的自由洒脱、酣畅淋漓的特点，可见先生是一位感情丰沛、率真而又投入的学者，丝毫没有"大家"的做作与雕琢。这也是梁的独特之处。

（四）概括梁任公的形象

正面描写：

肖像特点——其貌不扬 智慧超群 精神抖擞 气度不凡

自信洒脱神采飞扬

独特开场（语言）——谦逊自负，诙谐幽默

描声音——沉着有力、洪亮激亢

写动作——扫、点、敲头——学识渊博 自然随和

手舞足蹈、掩面顿足、狂笑太息——率真洒脱

侧面描写：

他们没有能留下深刻的印象

我记得清清楚楚

我们屏息以待

我们也跟着欢喜

听讲的人不知有几多也泪下沾襟

不少人从此对于中国文学发生了强烈爱好

（五）细读课文：体会梁启超的"热心肠"

1.我们平常说这个人"热心肠"是什么意思？

明确：心肠好，喜欢帮助别人，也就是乐于助人。热心肠在词典中的解释是：待人热情，做事积极的性情。

说到做事积极的性情，梁先生一生都在积极地做事情，背后都有一个共同的支柱，那就是对国家对社会对人民的一片赤诚之心。

说到待人热情，体现在梁任公先生积极帮助青年人方面，青年人是国家前进的主要力量，是国家的未来，只有青年人的发展道路正确了，国家前进的方向才会正确，只有青年人前途无量，国家才会有锦绣前程，而梁任公先生积极帮助青年人、启迪领导青年人，他为了青年的上进，积极应邀到各个学校热情讲学，用自己的学术感染后人，对每一个青年寄予殷切期盼。

2.“哭”，在第八段中“听他讲到他最喜爱的《桃花扇》，讲到‘高皇帝，在九天，不管……’那一段，他悲从中来，竟痛哭流涕而不能自已。”为什么梁任公先生会痛哭流涕而不能自已呢？

讨论明确：梁任公先生悲的不是崇祯，是崇祯帝让他想到了光绪帝，他悲的是光绪皇帝被囚禁，悲的是国家的衰亡，他的悲在于他的一腔爱国情怀！

3.“笑”，第八段中“又听他讲杜氏讲到‘剑外忽传收蓟北，初闻涕泪满衣裳……’，先生又真是于涕泗交流之中张口大笑了”为什么梁任公先生讲到杜甫的诗会涕泗交流之中张口大笑了？

讨论明确：梁任公和杜甫有着共同点，心忧国事，希望国家从动乱中获得安定，对收复祖国大好河山、实现祖国统一充满渴望。这只有心系国家、内心满怀着深厚的爱国之情的梁任公先生才能切身体会其喜欲狂的心情，才会于涕泗交流之中张口大笑了。

先生自号为饮冰室主人，就是把国家的前途、人民的命运当成是自己的重任，无人逼迫，无人强压，恰是梁任公先生内心真挚的爱国情感促使他主动担当这个重任，并且为之日夜难寝，内心焦虑，痛苦万分，一生奋斗，死而后已。

（六）课堂总结：齐声朗读

故今日之责任，不在他人，而全在我少年。少年智则国智，少年富则国富；少年强则国强，少年独立则国独立；少年自由则国自由，少年进步则国进步；少年胜于欧洲则国胜于欧洲，少年雄于地球则国雄于地球。美哉我少年中国，与天不老！壮哉我中国少年，与国无疆！

（七）布置作业

请同学结合研讨与练习第三题，在归纳总结阅读体会的同时，写一个老师上课的片段，题目为《记***老师的一次上课》。

单元教学指导

新闻具有及时性和真实性的特点。它以消息、通讯、特写等样式，向我们提供各方面最新的资讯。报告文学脱胎于新闻，强调真实，但又不同于新闻。作者可以对所涉及的事件和人物进行合理的艺术加工，也可以充分表达自己的思想感情。

新闻的基本结构：标题、导语、主体、背景和结语。其中标题、导语、主体是消息必不可少的，背景、结语有时包含在主体之中，结语有时可以省略。新闻的基本特征是用事实说话，有"迅速及时、内容真实、语言简明"的特点。学习新闻作品，要注意新闻结构的多样性，分清新闻事实和新闻背景、客观叙述和主观评价，在此基础上，去粗取精，抓住有用信息。要注意四点：①看标题，抓要素，整体感知新闻内容。②理清行文思路，整体把握文章结构。③抓关键句、中心句、过渡句，揣摩作者写作动机和情感态度，领会文章中心思想。④研究写作技巧，体会不同表现手法的运用。

报告文学是一种在真实事件、真实人物基础上塑造典型形象，以文学艺术手段及时反映现实生活的文学体裁。学习报告文学，要联系作品的时代背景，把握作者的情感倾向，学习写人记事的技巧，培养关注社会的意识。要注意五点：①明确掌握报告文学与新闻报道、通讯、小说等文体的区别。②要联系文章的时代特征和社会背景，注意作者的生活经历和情感特征。③关注人物塑造的方法，注意文章中的典型事件和细节描写。④注意作者的评价性语言，认真体会文中画龙点睛式议论评价性语言的妙用。⑤关注常用的表现手法：首尾呼应、详略得当、以小见大、对比衬托等。

《别了，"不列颠尼亚"》

一、教材分析

这篇短新闻，收录在人教版普通高中语文教材必修1第四单元。《别了，"不列颠利亚"》在大多数记者把目光盯在香港政权交接仪式上时，独辟蹊径，选取了英国撤离香港这一角度，把现实场景和历史事件的回顾融为一体，一方面使香港回归这一新闻事件有了一种历史的纵深感，另一方面凸显了这一事件的历史意义。

二、学习目标

1.掌握新闻的基本特点，把握新闻的基本要素，体会新闻语言用词准确、生动形象、简洁凝练的特点。

2.了解本文以时间顺序组织材料的写作特点。

3.体会民族自豪感，激发爱国热情。

三、教学重难点

1.理解三次降旗的含义

2.培养学生的爱国主义情感

四、教学时数

1课时。

五、教学过程

（一）创设情境，导入新课

观看香港回归的有关录像片段，引入课题。

（二）解题

1.写作背景：香港坎坷的历史、邓小平与香港回归。

2.关于新闻。

（1）新闻一般分为哪几个部分？

标题、导语、主体、背景和结语。

（2）哪几部分是缺一不可的？

标题、导语、主体。

（3）新闻的六要素是什么？（提示：5"W"1"H"）

即①when：何时；②where：何地；③who：何人；④what：何事；⑤why：何因；⑥how：何果。

（三）整体感知课文结构

生读课文，思考：本文由哪几个部分组成？并简要概括每一部分的大意。

讨论明确：

（1）标题（"别了，'不列颠尼亚'"）；

本篇新闻的标题"别了，'不列颠尼亚'"，它有什么深刻的含义？（教师可以深入提问）

毛泽东主席在1949年美国驻华大使司徒雷登回国、美国政府的白皮书发表之时，曾写过一篇文章，题目是《别了，司徒雷登》。本文活用此题。从字面上看，参加完交接仪式的查尔斯王子和末任港督彭定康乘坐英国皇家游轮"不列颠尼亚"号离开香港，消失在茫茫的南海夜幕中，这是现实的场景。另一方面，"不列颠尼亚"号的离去，象征着英国殖民统治在香港的终结，中华民族的一段耻辱终告洗刷。实境是永别，虚境是回归和雪耻。标题寓虚境于实境，独具匠心又不留痕迹。

（2）导语（第1段）；

概述英国撤离香港的最后一刻是英国米字旗最后一次降落，接载英国王子和港督的游轮离开香港。

（3）主体（2—10段）；

集中描写英国撤离香港那天的四个场景及有关背景资料。

（4）结语（最后1段）；

用极其概括的语言叙述英国在香港统治的开始与结束。

（四）重点领悟：四个场景，三次降旗

本文主体部分就是选取1997香港回归，英国撤退时的四个重要场景。请快速阅读课文，找出这四个场景。

第一场景：4点30分，末任港督彭定康告别港督府，降下港督旗帜。

（第三自然段）

第一次降旗——

4时30分，面色凝重的彭定康注视着港督旗帜在《日落余音》的号角声中降下旗杆。

标志：今后香港再也不会有港督来统治。

第二场景：6时15分，在添马舰军营东面广场举行象征英国统治结束的告别仪式，降下英国国旗。（第五自然段）

第二次降旗——

7时45分，广场上灯光渐暗，开始了港岛上的第二次降旗仪式。……今天，另一名英国海军士兵在"威尔士亲王"军营旁的这个地方降下了米字旗。

标志：被英国统治了156年的香港终于回到了祖国母亲的怀抱。

第三场景：子夜时分，中英香港交接仪式，米字旗香港最后一次降落，五星红旗升起。（第八自然段）

第三次降旗——

在1997年6月30日的最后一分钟，米字旗在香港最后一次下降。

标志：（1）英国对香港长达一个半世纪的殖民统治的结束；

（2）从此中国将对香港恢复行使主权。

第四场景：7月1日零点40分，查尔斯王子和彭定康登上"不列颠尼亚"号离开香港。（第十自然段）

（五）探究阅读

这篇特写在报道新闻事实时，还适当地运用一些背景材料，请找出来（在哪些段落里），体会它们在文章中的作用。

如：第4、7、11自然段。

背景中有历史事件回顾，港督府的修建，英国统治香港的天数，英国米字旗和港督旗的升降等，都有准确的记载，虽然只写了一天中发生的事件，但有很大的历史跨度，容量非常大，使人在丰富的知识中感受到深厚的历史内涵。

（六）美点赏析

文章在报道香港回归这样宏大的场景时，从细节入手，在细节中蕴含着深刻的意味，在平淡的笔调中洋溢着浓烈的感情，大家能否从文中找出意味深长的细节之处？

明确：本文的细节之处非常多，重点讨论以下几处。

1."4点30分，面色凝重的彭定康注视着港督旗帜在《日落余音》的号角声中降下旗杆。"

分析：这是对末任港督彭定康面部表情的特写，生动地写出了彭定康离开港督府前黯然神伤的神态。通过这一神态，我们能揣摩出彭定康当时复杂的心情，但是不论他如何"面色凝重"，历史的脚步不会为任何人停止，香港终将回归祖国。

2."港督旗帜在《日落余音》的号角声中降下旗杆"。

"停泊在港湾中的皇家游轮'不列颠尼亚'号和邻近大厦上悬挂的巨幅紫荆花图案，恰好构成这个'日落仪式'的背景。"

这两处细节描写都与"日落"联系在一起，为什么说英国的告别仪式是"日落仪式"？

分析：英国曾经占领了非常广大的殖民地，被称为"日不落帝国"，喻指在它的领土上，永远都有阳光照耀。香港于1997年脱离英国的殖民统治，回归祖国，作为香港特区的紫荆花图案将在香港上空冉冉升起，"日不落帝国"的殖民主义太阳在香港永远的落下了。所以把英国告别的仪式称为"日落仪式"。

3.结语"大英帝国从海上来，又从海上去"这句话的深刻含义？

①现实场景。1841年，大英帝国横跨印度洋而来；1997年，"不列颠尼亚"号黯然从海上离去。

②历史轮回。"从海上来"标志英国对香港的殖民统治正式开始；"从海上去"标志着香港脱离英统，回归祖国。

作者没有任何修饰性的语言，然而就在这不动声色的描写中，胜利的自豪之情，溢于言表。

（七）布置作业

课后收集香港回顾的相关资料，写一篇小评论。

《奥斯维辛没有什么新闻》

一、教材分析

这篇短新闻，收录在人教版普通高中语文教材必修1。《奥斯维辛没有什么新闻》打破了客观报道的传统，直接讲述自己参观奥斯维辛集中营的所见所感，字里行间倾注了作者的情感。

二、教学目标

1.品味语言，理解作品的深刻含义。

2.捕捉并分析作品中的"反差"。

3.了解奥斯维辛集中营，增强对遇难者的同情和对法西斯的痛恨。学习作者崇高的社会使命感和人道主义良知。

三、教学重难点

1.捕捉并分析作品中极具新闻价值的"反差"，读懂作者的情感和思考。

2.理解本文的深刻含义，挖掘本文的价值意义。

四、教学时数

1课时。

五、教学过程

（一）创设情境，导入新课

有一部曾获得多项奥斯卡奖的电影叫《辛得勒的名单》，真实地再现了纳粹屠杀犹太人的恐怖罪行，我们共同看其中一段（多媒体）。最终这些人被送往一个地方——奥斯维辛集中营，我们要学习另一篇新闻，题目就是《奥斯维辛没有什么新闻》。大家知道奥斯威辛是什么地方吗？（学生概述。）

多媒体简要介绍奥斯维辛集中营：

奥斯维辛是纳粹德国在第二次世界大战期间（1940年4月）于波兰建立

的最大的集中营，曾关押多国的平民、战俘、政治犯，被称为最大的"杀人工厂"。每天都有许多人（以犹太人居多）被运送到这里作为实验品或是屠杀，然后被投进焚尸炉焚毁，简直惨绝人寰！

1945年1月，苏联红军解放了这里，当时获救的人只有7000多人，几乎每人都瘦弱不堪，表情呆滞，甚至精神失常。这里简直就是一座"人间地狱"，一个犹太人永远的"噩梦"。

1947年7月2日，波兰会议通过一项法案，将原址辟为殉难纪念馆，并在周围划定一个默哀区，以此纪念在灾难中不幸死去的无辜者。

（补充：奥斯维辛位于波兰南部小波兰省境内，1940年4月27日，德国法西斯头子希姆莱下令在此修建最大的灭绝人性的杀人工厂——奥斯维辛集中营，二战结束时，整个集中营占地面积达40平方公里。营内采用毒气室等各种方法屠杀、虐待囚犯，5个焚尸炉平均每天焚尸1万具。包括中国人在内的28个民族的400万人死于集中营，其中犹太人最多，达250万。1947年被开辟为国家博物馆。1979年被列入联合国世界文化遗产名录。）

（二）整体感知课文结构

标题：奥斯维辛没有什么新闻；

导语：1—3段，现在的布热金卡；

背景材料：4—6段，奥斯维辛的地理位置和作为杀人工厂的历史，作者的写作目的；

主体：7—15段，参观奥斯维辛的所见所感；

结语：16段，现在的奥斯维辛。

（三）再读课文，思考探究

1.这篇新闻的标题很奇怪，作者为什么说"奥斯维辛没有什么新闻"？如果没有新闻，作者为什么又会写下这篇新闻？

（1）从原文中可以找到的：

"在奥斯维辛，并没有可供报道的新闻。"

"在奥斯维辛，没有新鲜东西可供报道。"

（2）引申思考：没有新鲜的东西，说明什么？

说明奥斯维辛作为杀人工厂残害了很多人的生命是广为人知的，在奥斯维辛人们看到的、感受到的会是一样的震惊和窒息。

既然没有新鲜东西可供报道，那作者为什么还要写这篇新闻呢？

"记者只有一种非写不可的使命感,这种使命感来源于一种不安的心情:在访问这里之后,如果不说些什么或写些什么就离开,那就对不起这里遇难的人们。"

到底是什么所见所感,令作者产生了"不安的心情",我们还需要跟随罗森塔尔的脚步,去看一看奥斯维辛。

2.我们学过的上一篇新闻的主体部分是用时间顺序来写作的,那这一篇新闻的主体,是用什么顺序来写的呢?

明确:空间顺序。

3.作者跟随导游和参观者先后经过了哪些地方?看到了什么东西?在这个过程中他们都有哪些反应?(见下表)

经过的地方	看到的东西	反应
毒气室和焚尸炉废墟	雏菊怒放	恐怖、终生难忘
毒气室、焚尸炉	头发、婴儿的鞋子、牢房	不由自主地停下脚步、浑身发抖
女牢房	"盒子"	惊惧万分,张大了嘴,想叫,但是叫不出来
灰砖建筑		庆幸
长廊	照片	引人注目、发人深思
地下室		祷告

4.为什么会庆幸?参观者并没有进去过,为什么知道里面的景象会让人羞红了脸?

因为"从那时起,奥斯维辛的惨状被人们讲过了很多次。一些幸存者撰写的回忆录中谈到的情况,是任何心智健全的人所无法想象的"。

5.记者正是通过观察他们的感受和反应来感染读者的。写参观者的感受和反应有什么样的好处?

讨论明确:更具广泛性,这当中自然也就包含了作者的感受和反应,说明奥斯威辛集中营遗迹召唤起所有人们关于灾难的记忆、关于生命的思考、关于人性的自省;同时,这比直接描写作者所见所感更具有震撼人心的力量!

作者在此时不仅仅是一个参观者,他也是一个记录者,他忠实地记录下自己和参观者的主观感受,突破了新闻写作"客观叙述""零度写作"的传统。

（四）突破难点，理解情感

1.通过作者融入了情感的记录，奥斯维辛集中营给你的感觉是什么样的？

讨论明确：恐怖、压抑、窒息、绝望、暴力、残忍

2.在这种黑色的氛围中，文章中却有三段与这种氛围形成强烈反差的描写，像黑暗底色中的突然冒出来的色彩一样刺痛我们的双眼。请找出这三段描写，并分析这种反差的作用和蕴含的作者的情感。

（1）"在布热金卡，最可怕的事情是这里居然阳光明媚温暖，一行行白杨树婆娑起舞，在大门附近的草地上，还有儿童在追逐游戏。"

如此美好的、生机勃勃的景象为什么是"可怕的"？

明确：作者用的是反语。因为现在的景象固然美好，却与布热金卡的恐怖的历史不相配，这才有了第二段的四个"不该"。布热金卡曾经是一个暗无天日的人间地狱，这里应该"永远没有阳光、百花永远凋谢"，灰暗的天空、沉闷的色调才是它最相配的景象。然而作者踏进集中营，却吃惊地发现两种不相称的东西叠合在一起，因此"可怕"。

景象的变化还不是最可怕的，最可怕的是随着惨象被美景代替，人们忘记对这段惨痛历史的记忆。

强烈地表达出了作者对纳粹惨无人道的行径的无声控诉和对人们忘记历史的担忧。

在文章结语也有类似的话，它的作用是什么？

明确：内容上，进一步强调奥斯维辛没有什么新鲜事。

结构上，首尾呼应，显得文章首尾连贯，浑然一体。

（2）"对另外一些人来说，这样一个事实使他们终身难忘：在德国人撤退时炸毁的布热金卡毒气室和焚尸炉废墟上，雏菊花在怒放。"

布热金卡毒气室和焚尸炉废墟：象征了过去纳粹对无辜的人的迫害，生命被摧残的悲剧。

雏菊花在怒放：象征了生命力的顽强。

与阳光明媚、绿树成荫的奥斯维辛集中营大门附近一样，如果人们不去了解和铭记雏菊花背后这片废墟的故事，这片代表着纳粹分子犯下罪行的证据将会被掩盖真相的美景所覆盖。

（3）"这是一个二十多岁的姑娘，长得丰满，可爱，皮肤细白，金发碧眼。她在温和地微笑着，似乎是为着一个美好而又隐秘的梦想而微笑。当时，她在想什么呢？现在她在这堵奥斯维辛集中营遇难者纪念墙上，又在想什么呢？"

对摧残鲜活美丽的生命的纳粹的控诉，对绝境之中不泯灭内心对梦想和美好的追求的赞美。

（五）拓展迁移：普利策奖颁奖词

《奥斯维辛没有什么新闻》突破新闻"零度写作"原则，着眼细节，以冷峻的视角，深沉地描述了今天的奥斯维辛集中营纪念馆。在恐怖与快乐、战争与和平、历史与现实的反差中，它召唤起人们关于灾难的记忆、关于生命的思考、关于人性的自省。它的发表充分地表现了一个新闻记者的使命感，更以迫人的力量震撼生者的心，成为新闻史不朽的名篇。

（六）课堂小结

余秋雨说过："人类是需要废墟的，没有皱纹的老祖母是可怕的。"我们不需要战争去营造另一座废墟，但是，我们需要奥斯维辛这样已有的废墟来提醒我们人类不要让历史重演。

（七）布置作业

1.本文有不同的译本，另一译本的题目为"布热金卡：阳光明媚，花香鸟语"。你更喜欢哪个题目？为什么？

2.上网查询有关南京大屠杀的新闻资料，加深对历史的认识，进一步体会新闻的价值。

《包身工》

一、教材分析

本文选自《夏衍选集》下，收录在人教版普通高中语文教材必修1。它是中国报告文学史上划时代的作品，作者以铁的事实、精确的数据、精辟的分析和评论，把劳动强度最大、地位最低、待遇最差、痛苦最深的奴隶一样做工的女孩子们的遭遇公之于世，愤怒地控诉了帝国主义和买办势力残酷剥削和掠夺中国工人的罪行。

二、教学目标

1.理清文章思路，领会文章中心思想。

2.体会文章语言形象、鲜明以及句式丰富多变的特点。

3.认识包身工制度的罪恶，认识帝国主义和封建势力残酷压榨中国劳动人民的罪行。

三、教学重难点

1.本文的表达方式和点面结合的写作方法。

2.典型场面、人物描写和抒情议论片段所表达的深层意思，语言特色。

四、教学时数

2课时。

五、教学过程

▶ 第一课时

（一）创设情境，导入新课

《谁是最可爱的人》的文章体裁：报告文学。

《包身工》属于报告文学，是中国最早的报告文学的代表作。

报告文学，是文学体裁的一种，散文的一类，是文艺通讯、速写、特写、采访报告等的总称，是文学创作中的"轻骑兵"。可以写人，可以写事，也可以写问题。因为它是"报告"，就要求反映的是真人真事；又因为它是"文学"，就要求反映出来的真人真事是有典型性的，允许一定的艺术加工。其特点：新闻性、文学性、真实性。

（二）检查预习，了解作家及作品

夏衍：原名沈乃熙，号端先，浙江杭县人。著名剧作家、电影艺术家、社会活动家。早年留学日本，1927年加入中国共产党。曾参加太阳社，是左翼作家联盟的发起人之一。抗日战争时期，主编《救亡日报》和重庆《新华日报》副刊。新中国成立后，任全国文联常务委员、文化部副部长等。曾写过许多作品，代表作有《上海屋檐下》《法西斯细菌》《考验》等话剧剧本，并把小说《祝福》《林家铺子》等改编为电影文学剧本。

（三）初读课文，整体把握结构

第一部分（1—25）按时间顺序，抓住三个主要场景，从住、吃、劳动条件，描述了包身工的苦难生活。

（1）（1—5）起床的情景。

（2）（6—8）包身工的来源和身份。

（3）（9—11）早餐的情景。

（4）（12—17）分析包身工发展的原因。

（5）（18—23）上工的情景。

（6）（24—25）在中国的纱厂因剥削包身工而飞跃膨大的趋势。

第二部分（26—33）总结全文。概述包身工的悲惨命运，提出了自己的愤怒的控诉，指出包身工制度必然灭亡。

（四）细读课文，感悟重点

引导学生阅读课文中描写包身工一天活动的段落，感受她们所受的非人待遇，并概括包身工的悲惨遭遇。

1.分别朗读1~4段，思考：

（1）这一场面描写按什么顺序着笔，下边的分析哪一项不符合原文：（D）

A.先写打杂再写包身工；B.先写地下再写楼上；

C.先写群体再写个人；D.先写环境再写人的活动。

（2）试用一个词概括穿拷绸衫裤的男子的形象。（凶恶）

（3）用扼要的词语概括一下这几段中所描写的包身工住宿的环境的特点。（地方窄，空气浊）

（4）分析描写楼下包身工起床情况的这句话："打呵欠……小便。"

①试用一个词语概括句中所描写的情况（乱哄哄）

②主要是什么原因造成这种情况？（住的地方太狭窄）

③这句话用了7个短语，这些短语按什么顺序排列？产生怎样的表达效果？（按起床时动作先后的顺序排列，这一连串动作的记叙与描写具体表现了骚乱的情况）

（5）分析描写楼上的包身工起床下楼的句子"蓬头、赤脚……"

①用一个短语概括这句子描写的情况。（狼狈不堪）

②造成这一情况的原因是什么？（穿拷绸衫的男子的威迫）

③"冲"这一动作表现了包身工当时怎样的心态？（害怕）

④这句子结构上有什么特点？有什么表达效果？

（这句话把描写包身工起床后赶忙下来的短语放到主语前边，突出了她们当时的狼狈相，更深刻地表现了她们被奴役、被威迫的可怜。）

（6）第二段最后两句写包身工女性害羞感觉的迟钝，是一种怎样的心态表现？为什么会有这种心态的出现？

（表现了包身工长期受非人的折磨而变得麻木的心态。）

2.文章的第二部分、第三部分也有"点"的描写。请同学朗读13—15段、21—23段，思考：

（1）作者在这里写"芦柴棒"受虐待是为了说明什么？

（目的在说明包身工没有做或不做的自由，表现她们受残酷的压迫。）

（2）场面描写着笔有轻有重，表现有主有次，14、15段的场面描写重点是"芦柴棒"的惨，打杂的"凶"，还是老板娘的奸？（打杂的凶）

（3）分析打杂的怎样给"芦柴棒""医"病的，把15段第一句、第二句、第五句中描写打杂的虐待"芦柴棒"的主要动词找出来，体会它们的作用。

（摔、踢、泼三个词表现了打杂的"凶"。）

讨论明确：这一段场面描写用词准确，文字紧凑，主次配合得很好。摔、踢、泼三个动作，一个凶似一个。"芦柴棒"的"跳"使这个场面描写达到了高潮，寒风的冷，"芦柴棒"突然的跳，衬托了打杂的"凶"，突出了"芦柴棒"受虐待的惨,最后老板娘的笑和她的话既与上文"假病!老子给你医!"相照应,又表现了她的残酷,无人性,更显出了"芦柴棒"遭遇的悲惨,短短的一段文字使人发指。这一段"点"的描写与"面"的描写相配合,大大丰富了文章的内容,深刻地表现了主题。

(4)选材要有典型性的材料,21—23段是"点"的描写,写"小福子"受惩罚,从哪些方面可以看出材料很有典型性,大家可以从以下几个方面去思考,讨论:小福子为什么受惩罚?小福子受到什么惩罚?小福子受到哪些人的惩罚?小福子受惩罚的时间有多长?

讨论明确:包身工是"人人得而欺之"的,这话很能体现出她们悲惨的处境。文章对小福子受罚的叙述与描写正体现了这一点。她只因为整好了烂纱没有装起这一点小事就遭打,"拿摩温"打她,东洋婆罚她头顶皮带盘心子,向着墙壁站立,罚了两个小时,赶不出一天的活,带工老板又打她。此外还会被饿饭、吊起、关黑房子等惩罚。小福子受罚的描写表现了包身工受罚的随意性、残酷性、多样性和时间长等特点,典型地表现了她们受压迫的惨重。具体形象的面上的材料使课文的内容充分,典型突出的点上的材料使课文内容深刻鲜明。点面结合,相得益彰,增强了课文的说服力和感染力。

3.全班朗读26—33段,思考:

(1)这一段是写什么的?(是写包身工的悲惨遭遇的)

(2)这一段共有三句话,各从什么角度去表达这一段的中心?

(第一句从面上作概括的叙述,第二句是作形象的描写,第三句举典型人物作点上的描写。)

(3)第一句开头有六个短语,表述了丰富的内容,试指出每一个短语所指的内容:

"两粥一饭"指恶劣的饮食;

"十二小时工作"指长时间的劳动;

"劳动强化"指沉重的工作;

"工房和老板家庭的义务服役"指超经济剥削;

"猪一般的生活"指生活条件恶劣;

"泥土一般地被践踏"指受压迫的惨重;

(4)这一段运用了什么修辞方法,起了什么表达作用?

（排比的方法，起了加强语势，增强感情色彩的作用。反复的方法，表达了作者深切的同情。比喻的方法，起了增强语言的形象性，使读者更形象地感受到包身工命运的悲惨的作用。）

讨论明确：26—30段是课文第四部分的一个层次，作者从总体（面）和个体（点）描写，又从反面写老板的狠作反衬，揭示了包身工命运的悲惨。

（五）布置作业：课后练习第一题

▶ 第二课时

（一）总结上节课所学，导入新课

（二）再读课文，探究思考

1. 包身工的悲惨遭遇是如何形成的？包身工制度是如何造成的？它形成的政治经济原因是什么？

引导学生读课文：

6—8段，由包工头"招工"的实例指出包身工制度的起因。

12—17段，由"芦柴棒"等人的实例分析包身工制度得以发展的三个原因。

24—25段，以大量确凿的数据阐明包身工制度发展的实况。

19—23段，以包身工所受的三大威胁和三大罚规为例揭露包身工制度的罪恶。

讨论明确：文章用记叙、描写的表达方式反映包身工一天的活动，使读者对包身工的悲惨遭遇产生触目惊心的形象认识。中间穿插的对包身工制度的产生、发展、趋势等的说明、议论，又能使读者对包身工制度获得理性认识。

2. 这种"吃人"的制度还会存在吗？

引导学生学习文章的最后三段。（31—33）

讨论明确：31段由包身工的制度联想到船户养墨鸭捕鱼的事，通过联想把包身工和墨鸭比较，指出墨鸭养活船户，包身工养活带工老板，但船户对墨鸭没有怎么虐待，带工老板却残酷压迫包身工，连一点施与的温情也没有，强烈地揭示了包身工受压迫的惨重，人不如禽的命运。

32段由包身工的处境联想到16世纪封建制度下的奴隶，指出20世纪的工人却和16世纪的奴隶受着同样惨无人道的待遇。

33段联想到美国进步作家索洛警告19世纪美国资产阶级的话，既控诉了资本主义对包身工的剥削压迫，又表现了作者对包身工制度必然灭亡，新社会必然出现的信心。

3."看着这种饲养小姑娘谋利的制度"一句运用了什么修辞方法？为什么要用"饲养"这个词？表现了作者怎样的感情？

讨论明确：用"饲养"一词是运用了比拟（拟物）的修辞方法，这词在两句中作用和表达感情是不同的。在前一句中，揭露了资本家不把包身工当人，表现了作者愤怒的心情；在后一句中是描写农民的贫困，无力抚养儿女，只能像饲养牲畜那样对待他们，表现了作者同情。

4.第32段运用了什么修辞手法？表现了作者怎样的感情？

讨论明确：开头连续用了五个"没有……"，用排比的句式表现了作者对包身工处境的同情；又用"没有……"和"有时是……"对比，揭露包身工制度的残酷，野蛮，表现了作者强烈的愤怒。

5."黑夜，静寂和像死一般的黑夜！但是，黎明的到来毕竟是无法抗拒的。"句中的"黑夜"象征着什么？黎明象征着什么？用"毕竟"一词表现了作者怎样的感情？

讨论明确：黑夜象征着旧社会，黎明象征着光明的新世界；"毕竟"一词表现了作者对新社会出现的坚强信念。

人吃人的社会，已经一去不复返了，可是我们得记住：要赶走帝国主义，要推翻人吃人的社会制度，先人曾献出了无数的眼泪、血汗与生命。幸福不是不付出代价就可以得来的，我们要居安思危，懂得我们现在的生活是多么的来之不易。为了今天的幸福，为了更幸福的将来，爱党、爱社会主义，为社会主义、共产主义而贡献出自己的力量，应该是我们青年一代的责任。

（三）感悟写作特点

1.选材精当，有感性地表现了包身工生活情况的材料，也有理性的分析、议论，具体的统计数字；既有面上反映一般情况的材料，也有点上的反映个别典型的材料。

2.丰富的想象和联想。

3.结构安排恰当。

4.语言生动有力。

（四）布置作业

1.阅读1932年一·二八淞沪抗战的相关历史。

2.课后练习题五。

《飞向太空的航程》

一、教材分析

本文选自 2003 年 10 月 17 日《解放日报》，收录在人教版普通高中语文教材必修 1。《飞向太空的航程》这则通讯从"神舟"五号飞船发射成功写起，回顾了中国的载人航天史。在历史和现实的对照中，我们的喜悦和自豪显得更加凝重。

二、教学目标

1.掌握通讯报道的一般结构，即导语、主体、结尾三个部分。

2.能够准确分析本文的清晰的层次结构，提高分析文章结构的能力。

3.了解"神舟"五号升天的相关事宜，关注中国航天事业的发展，增强民族自豪感，激发学生对科学的热爱。

三、教学重难点

1.了解我国航天事业的奋斗历程，按照新闻的结构——标题、导语、主体、背景、结语五个部分来整体把握文章。

2.学习概括新闻主要内容的方法，学会拟新闻标题。

四、教学时数

1 课时。

五、教学过程

（一）创设情境，导入新课

远古时期有嫦娥奔月的神话，敦煌有飞天壁画，几千年来，人们一直做着飞天梦，也只到了今天，梦想才变为现实。2003 年 10 月，我国发射了"神舟"五号飞船，将中国第一位航天员杨利伟送入太空，这一消息激励着万千中华儿女的心。2005 年 10 月，"神舟"六号又一次发射成功并安全返回，让我们再一次为之激动不已。究竟实现这个飞向太空的梦想经历了一个怎样的过程？让我们一起来探寻。

（二）检查预习

学生汇报两点预习成果：

1.搜集到的写作背景材料。

2003年15日上午9时整，一艘中国的载人火箭，从酒泉的卫星发射中心顺利升空，经过21个小时、60万公里的绕行任务后，成功返回地球，降落在内蒙古大草原上。这个行动的圆满结束，向世人宣告了一个事实：继雄霸太空40年的美国、苏联之后，中国已经成为第三个太空科技国家。

2.文体常识。

本文是一篇优秀的事件通讯报道，作者以大量翔实的材料叙述了中国人近半个世纪的飞天梦想。叙事清晰，语言流畅生动。

通讯的特点：

①详尽深入，过程完整。不仅要报道新闻事件概况，还要交代其发展变化的过程，包括起因、发展、高潮、结局，写出完整的过程，让受众明了新闻事件究竟是怎么发生的。

②生动形象、具体感人。通讯对新闻事件的反映不能只停留在结论上，而要以形象化的、情节化的描述来具体反映事实，绘声绘色地描绘出所报道新闻事实的运动状态和人物活动的经过，给受众以形象感。

③议论抒情并用，感情充沛。通讯还要通过议论、抒情等手法，直接抒发作者的主观感受，表明作者的立场和爱憎，从而比消息更有感情色彩。

（三）再读课文，整体感知

阅读课文，思考：这篇通讯包括哪几个部分？各部分各包含哪些段落？

讨论明确：

第一部分（第1—3段），导语。

点明这则新闻想要传达的最主要、最有价值的新闻事实，即"神舟"五号飞船于2003年10月15日，在酒泉卫星发射中心发射。

并且指明"这是人类航天史上一次不同凡响的发射，它标志着中国从此成为世界上第三个有能力依靠自己的力量将航天员送入太空的国家"。

第二部分（第2—26段），主体。作者并没有继续叙述"神舟"五号飞船发射的经过，而是叉开一笔，用一个过渡段过渡到对中国航天研究史的回顾中。

几个具有重大意义的事件：

①1958年毛泽东发出"我们也要搞人造卫星！"的指示。

②1960年中国第一枚火箭的成功发射。

③1970年中国成功地将自己的第一颗人造地球卫星送上了太空。

④1992年中共中央作出实施中国载人航天工程的战略决策。

⑤"长征"系列火箭发射久经考验。

⑥"神舟"一至四号飞船的成功发射。

第三部分，结尾。用了一个过渡段把笔拉回到了现实事件中，这样从头至尾形成一种首尾圆合型的结构。

（四）细读课文，小组探究

1.新闻报道强调及时性，强调关注当下的事件，这篇文章用了很大篇幅叙述中国航天史，是不是有点不像新闻了？

讨论明确：新闻报道的确有及时性的特点，关注当下的事件，也是它的特质，但允许引入一些背景材料。这样的材料虽然可能不是最新的信息，但对于补充说明新闻事实有很大的作用，是新闻报道不可或缺的组成部分。

本文虽然用很大的篇幅叙述中国的航天史，但也是建立在叙述一个重大历史事件的基础上，而那些航天史的材料也主要是作为新闻背景材料来用的。

面对这样一个重大的历史事件，每一个中国人都会感到自豪，同时也迫切想知道中国的航天工程走到这一步，到底经过了什么样艰辛的历程。

在这个时候，本文提供了翔实的资料，更有一些首次披露的资料，而且把这些资料以历史的形式系统地呈现在读者面前，这对于满足读者的阅读需求无疑是及时的。另外，这种狂欢之中的冷静回顾，也使得事件本身的意义更加突出。

2.本文标题的含义？

讨论明确，本文标题有两层含义：

其一，本文要传达的新闻事实是中国的载人航天飞船飞向了太空，并且取得了成功，标题可认为实指"神舟"五号飞船发射的过程。

其二，中国的航天梦经过了几代人不懈的努力终于得以实现，标题也喻指这一探索过程。

（五）课堂小结

中国的飞天梦想为何能够实现？

党和国家高度重视、科学决策；一代又一代中国人自强不息、艰苦奋斗；坚持科技创新；综合国力不断上升等。

（六）布置练习

新闻在结构上有什么特点？联系平时看到的新闻，结合本文，总结一下。就身边发生的事写一篇300字的新闻。

单元学习指导

　　写景状物散文常常凭借精巧的构思和隽永的语言，对大地山川、风物美景进行了生动细致的描绘，表达了作者对自然、社会和人生的丰富体验和深刻思考。文章的关键点，不在所描写、记叙的人、事和景，而在于文章中所蕴含的作者主观的情感。因而指导学生阅读这一类文章，要着重启发学生展开想象的翅膀，通过文章中精妙的语言，身临其境地感受作者的心灵。要反复朗读，力求熟读成诵。

　　指导学生学好写景状物的散文，在教学目标、教学重点、教学思路和教学设计的确立上，必须注意以下四点。

　　一是整体感知，把握情感。教师不要先入为主，作提示，贴标签，越俎代庖，把文章讲析得支离破碎；应把文章原原本本地交给学生，让他自己去读、去体验、去感悟，力求对文本形成一个"属于自己的""整体的"感知，对文章思想感情有一个基本的把握。感知、把握得准不准呢？这时教师再介入，指导引领学生从文本中查寻作者的感情基调、感情线索、感情发展变化等，从而对文章情感做出比较准确的定位。如《荷塘月色》一文，通过反复诵读，通过对"这几天心里颇不宁静""我且受用这无边的荷香月色好了""可惜我们早已无福消受了""这令我到底惦着江南了"这些领起与过渡语句的理解，学生能够感受到作者忧愁笼罩、暂得喜悦的复杂感情及这些感情微妙的起伏变化，那么"淡淡的忧愁、淡淡的喜悦"的感情基调的定位也就水到渠成。感情是时而忧愁、时而喜悦的，程度却都是淡淡的。感情基调定准了，再来诵读，就有了调子，指导诵读就有了依据。所谓声情并茂的诵读要求其实是空泛的。什么样的"声"？什么样的"情"？声，应是低缓的；情，应是淡淡的。声音高亢、充满激情的朗读是不恰当的。

　　二是分析写景、注重审美。在写景抒情散文中，景物描写能充分地显示出作者对自然景物的感受力和语言才华。品味景物描写是解读这类散文必须要过的一道门径。如何分析写景？我觉得应问好五个"什么"：写了什么景？描写了什么特点？运用了什么手法？达到了什么效果？景与情有什么关系？分析写景的过程绝不可脱离文本语境，进行生硬的剥离式的分析，应在反复诵读、涵泳咀嚼中获得感知。因为写景状物散文都是描写审美物象、表达审美情感、体现审美情趣的。要引导学生用审美的眼光读课文，品味美景美情，获得充分的美的享受，并对这种美做出自己的评价。

三是品味语言，习得语言。尽管各类散文都讲究语言美，但写景状物散文将语言美发挥到了很高的境界，甚至可以说是极致。品味语言是中学生学习散文必不可少的一个环节。他们能够透过优美的语言在心中获得有关景物的生动形象，获得对作者思想感情的体会，也获得对语言形式美的感知。品味语言的一个重要途径是朗读，另一个重要途径就是对语言细节特别是一些富有表现力的字词进行赏析。如《荷塘月色》一文中，对叠词（如田田、亭亭、层层、缕缕、密密、脉脉、静静、薄薄）的赏析，对动词（如泻、浮、洗、笼、画）的赏析，既可以突出对景物特点的把握，又能加深对文章优雅、朦胧、幽静意境的体悟，在幽雅淡远的感受中实现学习语言的目的。

四是读写结合、学以致用。将写作目标、写作要求引进散文鉴赏教学，既有助于提高散文鉴赏水平，又有助于提高书面表达能力。散文教学的读写结合可以有多种方式，如鉴赏写作技法，获得写作的启示；学过课文后"趁热打铁"，让学生动手写小散文，哪怕写片段也行；挑出课文中优美隽永的语句加以品味，再进行仿写；指导学生写课文鉴赏；等等，对高一学生要求不宜过高，只要能写出文章，表达一点个人情感就可以。

中学语文感悟式教学法的探索与实践

《荷塘月色》

一、教材分析

《荷塘月色》选自《朱自清散文全集》上，收录在人教版普通高中语文教材必修2。本文是朱自清先生的散文名篇，描绘了月下荷塘的美丽景色。文章借景抒情，记录了一个渴望自由的学者逼视自己灵魂深处的内心体验。学习本文要了解时代背景和作家作品，体会作者散文口语化的特点，领略本文的画面美、语言美、情感美，理清情与景的关系，掌握作者写景状物、情景交融的表现技巧，并能感知本文所寄寓的人格美。

二、教学目标

1.引导学生抓住关键字词，掌握文章内容，理解文章精巧的双线索环形结构。

2.引导学生感受荷塘月色的意境美，揣摩文章典雅清丽、准确生动、富有韵味的语言，学习作者运用语言的技巧，提高学生的审美情趣。

3.结合时代背景知人论世，掌握文章借景抒情、情景交融的表达技巧，体会作者字里行间流露出来的思想感情。

三、教学重难点

1.反复诵读，欣赏荷塘月色，品味有声有色、有情有味的语言。
2.抓住作者心情变化线索，领会作者复杂的感情。

四、教学时数

1课时。

五、教学过程

（一）创设情境，导入新课

多媒体展示几所名校美丽的校园图片，引出清华园的荷塘，并展示描写荷花的诗句。下面就让我们走进清华园，去看看那里的月色。

（二）检查预习

1.积累字词：

乘凉　煤屑　踱着　点缀　颤动　霎时　敛裾　媛女

2.解题。

荷塘：指朱自清先生当时任教的北京清华大学清华园里的荷花池，是本文所要描绘的特定处所。

月色：点明了时间，是一个有月亮的夜晚。月色是文章描绘的中心，它是作者心目中向往、追求的和谐宁静的境界。

（三）朗读课文，整体感知

1.把握文脉。

第一部分（1—3）：月夜漫步荷塘的缘由。

第二部分（4—6）：荷塘月色的恬静迷人。

第三部分（7—10）：荷塘月色的美景引动乡思。

文章三大部分之间的转接，十分妥帖。由夜赏的缘由自然而然过渡到荷塘月色的描写，转而为思乡，心境回到现实生活。

2.解读结构。

（1）外结构；

（明线）游踪：月夜出游—独步小径—观荷赏月—返回家门。

（2）内结构；

（暗线）情感心里颇不宁静—超然物外—浑然忘我—怅惘失落。

本文的结构是双线索环形，外结构依空间顺序描绘了一次夏夜游，内结构情感从不静、求静、得静到出静，也是一个圆形。内外结构的一致性，恰到好处地适应了作者展现一段心理历程的需要。

3.探讨原因。

1927年4月，正当国共两党领导的大革命进行得如火如荼时，蒋介石背叛了革命，发动了"四一二"反革命政变，大肆镇压、屠杀共产党人和进步人士，国内到处是血雨腥风、白色恐怖。

《荷塘月色》写于1927年7月作者在清华大学教书期间，在此之前，朱自清作为"大时代中一名小卒"，一直在呐喊和斗争，但是在"四一二"政变之后，却从斗争的"十字街头"，钻进古典文学的"象牙之塔"。但是作者既做不到投笔从戎，拿起枪来革命，又始终平息不了对黑暗现实产生的不满与憎恶，作者对生活感到惶惑矛盾，内心是抑郁的，是始终无法平静的。这篇散文通过对月夜下荷塘景色的描写，流露出作者想寻找安宁但又不可得，幻想超脱现实但又无法超脱的复杂心情，这正是那个黑暗的时代在作者心灵上的折射。

（四）重点赏读

1.月下荷塘（第4段）。

（1）思考在这段写景的文字中，作者的立足点在哪？具体描写了哪些景物？

明确：月下荷塘。描写了荷叶，荷花，荷香，流水。

（2）突出了景物怎样的美感特征？用了哪些修辞？

明确：①博喻和拟人。"袅娜"（开得正艳）、"羞涩"（含苞待放）赋予荷花一种少女的柔美与娇羞。"正如一粒粒的明珠，又如碧天里的星星，又如刚出浴的美人"。在淡淡的月色中，荷塘里的一切是朦胧而不真切的，因而荷叶间零星点缀的白花，"明珠"（温润透亮），"星星"（忽明忽暗、晶莹闪烁微风拂过，动态美），而窈窕妍媚的美人刚出浴时免不了有一种"犹抱琵琶"的羞涩与一种洗尽铅华的清纯，用此来比喻那些"羞涩地打着朵儿"的花蕾，充满静谧、优雅的韵味。

②通感。"微风过处……仿佛远处高楼上渺茫的似的。"歌声来自远处的高楼，它会时断时续、隐隐约约，而"荷香"则伴着阵阵微风，时有时无、如丝如缕，放在一起，香中有声，声中有香，怎么不让我们陶醉呢？

③拟人。"叶子底下是脉脉的流水，遮住了，不能见一些颜色；而叶子却更见风致了。"作者把所见与想象结合，做到了言有尽而意无穷。

小结：作者分别从荷叶、荷花、荷香、流水这四个方面，运用比喻、拟人、通感等多种修辞手法，还巧妙地运用了大量叠音词赋予了荷以生命力，动静结合，不仅写出了荷的神韵，作者对荷的喜爱之情也跃然纸上。本文段无一处写到塘上的月色，但荷塘缥缈如仙境，非月色下不得而见，这是一幅清雅幽僻、宁静迷蒙的月下荷塘图。

2.荷塘月色（第5段）。

（1）思考本段作者写了哪些景物？用一个形容词概括这个夜晚月光的特点。

明确：叶子和花，薄薄的青雾，淡淡的云，树影，斑驳交织的光影。

特点是朦胧、淡雅。

（2）重点鉴赏几个精彩的动词，掌握炼字的方法。

明确：一个"泻"字，我们眼前，月光如水，静静流淌。流在荷塘，流在心上。流在荷塘，平添秀色；流入我心，清净无尘。

一个"浮"字，写出荷塘之上，薄雾轻扬而上，又漂漂不定。无色胜似有色，无形更显绰约。朦胧之中，花更柔美，叶更飘渺。

一个"洗"字，却用牛乳，洁白无瑕，细腻如丝。比之水洗，更多些许柔和温润。

一个"画"字，大自然为画师，以月光代清水，以树影当浓墨，把荷塘当画纸，轻点晕染，明暗有致。

小结：月色本是难状之景，依稀可辨的一团混沌而已，在作者的笔下却似乎看得见、摸得着，是因为作者既从正面落墨，又从侧面烘托，选用精当的动词、形容词，生动逼真地营造了淡淡迷离、朦胧苍茫的意境。

3.荷塘四周（第6段）。

（1）第六段写荷塘四周的景色。这些景物构成了怎样的一幅画面？

荷塘四周：疏密有致，浓淡相宜，明暗结合，喧寂相间。

（2）这一段描写主要运用了什么手法？

衬托手法：单写月光单调，作者着力摹写月的投影，光影交错，把岸边树、塘中荷连接在一起，构成了美丽的图画。

小结：重点写树，从方位、距离、高低几个角度来写，视线由荷塘内部扩展到荷塘四周。层次分明，富有立体感，展示出清淡朦胧、宁静深远的环境特点，并用反衬的手法流露出作者内心的空虚与哀愁。

（五）小组探究

问题：作者为什么突然写到江南采莲的事情？

讨论明确：作者联想古代江南采莲的旧俗，联想牵动思乡的哀愁，这种乡愁正是当时作者苦闷矛盾心情在作品中的投影，表达了作者内心的不平和、对光明、美好生活的憧憬。"猛一抬头，不觉已是自己的门前"，猛将作者拉回现实之中。从遐想中回到现实，现实依旧，愁思依旧，心里依旧不宁静，刚才的所见所闻所思所想恍如一梦。

（六）布置作业

月下荷塘的美景使作者获得了片刻的宁静，但蝉声和蛙声又打破了他内心的宁静，作者的思绪由理想回到现实，似乎可以收尾，为什么还要写一段描写古人采莲和记起《西洲曲》的文字？

《故都的秋》

一、教材分析

《故都的秋》选自《郁达夫文集》第三卷，收录在人教版普通高中语文教材必修2。本文将南国的秋与北国的秋进行比较，通过对北平秋色的描绘，赞美了故都的自然风物，抒发了对故都之秋的向往、眷念之情，并流露出作者忧郁、孤独的性格特点。文章所展现的是一位正直的爱国知识分子形象。

二、教学目标

1.赏析本文秋景，领悟作者文中流露的情感及借景抒情的写法。

2.品味明白、晓畅、清丽的语言，提高语言鉴赏能力，掌握语言表达的一些技巧。

3.学习借鉴本文紧扣文眼的选材，理解散文形散神不散的特点。

三、教学重难点

1.引导学生分析故都秋的特点，体会作者对故都之秋的赞美之情。

2.学习本文情景交融的写法。

四、教学时数

1课时。

五、教学过程

（一）创设情境，导入新课

以课后练习一检查课前阅读情况。

这篇文章选取了哪些平常景物来描写故都的秋？要求回答的时候，每个景物中带上秋字。找一生回答，其他学生补充，教师板书。

秋花、秋槐、秋蝉、秋雨、秋果

这些的确都是平常的景物，但为什么在郁达夫的笔下，它们散发着独特的魅力呢？

这节课，就让我们一起走进故都的秋的世界，去领略这份独特的秋味吧！

（二）诵读感悟

1.师生共读：读准字音，读懂词义。

教师读1、2自然段和结尾两段，其他安排学生诵读，一人读一景物。

2.诵读提示。

（1）本文感情深厚，意味隽永，文辞优美，诵读时宜快不宜慢，认真体会景物描写所蕴含的思想感情

（2）直接抒怀部分要读得意味深长，准确表达出作者的心境、情怀。

（三）整体感知

1.作者是如何描写这些景物的？从文中找出一个相关的词语来形容，并说说景物共同的特征是什么？

淡蓝的————————秋花

无声的————————秋蕊

衰弱的————————秋蝉　　清、静、悲凉

息列索落的————————秋雨

淡黄微绿的————————秋果

2.写故都景物是从3—11段，那么开头两段结尾两段各写什么？（生齐读）

明确：前两段，用对比手法写作者对北国江南之秋的不同感受，表达对北国之秋的向往之情。后两段：南国之秋的色味比不上北国之秋，直接抒发对故都秋的眷念之情。

（四）感悟重点

1.故都的秋应是多姿多彩的，作者为什么不写红叶似火的香山，游人如织的颐和园和明丽如镜的昆明湖，而只选取了表现"清、静、悲凉"的景物来写呢？联系《荷塘月色》，体会散文"形散神不散"的特点。

讨论明确：《荷塘月色》突出心情不宁静后，来到荷塘做一番尽情地描绘，想借此排遣内心的烦闷，但努力失败，心内一团麻，剪不断，理还乱，于是又想起采莲的旧事，是为排遣内心苦闷再作努力，结果再次失败。

《故都的秋》一文中，先点出"清、静、悲凉"的特色，定下感情基调，接着分别选取能体现这三方面特点的景物，如白色、蓝色的冷色调的牵牛花，无声无息的槐蕊，透着凉意的秋雨，之所以要着力表现这些带着"清、静、悲凉"意味的景物，而不去描绘火一般的香山红叶，明镜似的昆明湖水，其主要目的也是借此抒发内心的苦闷、寂寞和忧愁。围绕要表达的思想感情来选材，这一点与《荷塘月色》有异曲同工之妙。

2.本文是写景文，为什么要插入对写秋诗文的议论？

讨论明确：创造一种文化氛围，于自然气息之外再添一重文化气息，与故都题旨暗合。纵横议论，显出深厚的文化底蕴和开阔的思路。

（五）感悟美点

1.再读课文，圈出你喜欢的词语和句子。选一两个例子，说明你喜欢的原因。

示例1："我的不远千里，要从杭州赶上青岛，更要从青岛赶上北平来的理由，不过想饱尝一尝这秋，这故都的秋味。"从"饱尝"和"秋味"两词可以看出在作者眼中北国之秋就是一道特色美食，给人以独特的享受。

示例2："比起北国的秋天，正如黄酒之与白干，稀饭之与馍馍，鲈鱼之与大蟹，黄犬之与骆驼"，这组对比很通俗，将优美的事物用通俗的事物来表现更浅显易懂，且将作者对北国秋的热爱表现得更强烈。

示例3："秋天，这北国的秋天，若留得住得话，我愿意把寿命的三分之二折去，换得一个三分之一的零头。"用"三分之二，三分之一"这样的数字将对自己北国秋的热爱更加具体鲜明地表现出来，使人立即想到北国的秋在他心中的分量，这种热爱的程度超过了生命本身。

示例4："像花又不是花的那种落蕊，早晨起来，会铺得满地，声音也没有，气味也没有，只能感觉出一点点极微细极柔软的触觉。"这些文字像轻轻飘浮在空中的云，读起来很清新，描写中充满了诗情画意，"无声胜有声，无味胜有味"，字里行间渗透了秋的意味。

示例5："不单是诗人，……不能自已的深情"，连囚犯都喜爱的秋天，怎么能不使人为之折腰？也说明了秋带给人的思想意境，让人回味往昔的岁月，品味着人生的百味。

2.语言训练。

《故都的秋》写得美吗？综合全文，选取一个恰当的角度，评价一下这篇文章。

如：《故都的秋》有一种音韵美……

《故都的秋》有一种结构美……

《故都的秋》有一种画面美……

《故都的秋》有一种语言美……。

（六）布置作业

1.写秋诗文知多少？请课下搜集整理，并细细品味，熟读秋诗三百首，不会吟秋也会吟！

2.以"秋"为中心词，拟一个标题，并写一段话。（如报秋，品秋，颂秋）

《囚绿记》

一、教材分析

本文选自陆蠡散文集《囚绿记》，收录在人教版普通高中语文教材必修2。它是革命烈士陆蠡的一篇美文，描写了他在抗日战争时期的一段生活经历。文章讲述了"我"与常春藤绿枝条的一段交往经历，描绘了绿枝条的生命状态和性格特点——固执地向往阳光、执着地伸向窗外。这是一种自然的力量，是任何人为的力量都不能改变的。这篇文章警醒我们不能忘记祖国屈辱的历史。

二、教学目标

1.指导学生学习把握文章的重要信息，学会运用圈点批注的读文方法。

2.过程与方法：找出作者抒写绿的形象的语句，探究绿的内涵。

3.情感态度价值观：理解中华民族和一切进步势力不屈服于任何黑暗势力、顽强抗争、永不气馁的民族精神。

三、教学重难点

1.找出作者抒写绿的形象的语句，探究绿的内涵。

2.理解中华民族和一切进步势力不屈服于任何黑暗势力、顽强抗争、永不气馁的民族精神。

四、教学时数

1课时。

五、教学过程

（一）创设情景，导入新课

巴金回忆一位作家时说，他有"优美的性格和黄金的心"，同他谈话，"仿佛听完一曲贝多芬的交响乐，因为，我是和一个崇高的灵魂接触了"。他就是，我们今天要学习的《囚绿记》的作者，一位很有才华的青年散文家和翻译家陆蠡。1942年，他才34岁，坚贞不屈死于日寇酷刑之下。1983年4月，国家民政部批准他为革命烈士。现在，让我们一起研读陆蠡的散文代表作《囚绿记》，去接触他那崇高的灵魂。（板书题目作者）

（二）检查预习

1.积累词语。

公寓　嵌着　瞥见　涸辙　淅沥　婆娑

葱茏　揠苗助长　囚系　移徙　急不暇择

2.解题："囚绿"是什么意思？这里的"绿"指什么？

讨论明确："囚绿"就是把绿色囚禁起来，而本文中囚禁的对象是常春藤的绿枝条。

（三）整体感知，理清思路

1.朗读课文，圈点批画，标出重点词语和句子。

2.整体感知课文内容，划分层次：

第一部分（1—4）寻绿；

第二部分（5—7）观绿；

第三部分（8—11）囚绿；

第四部分（12—13）放绿；

第五部分（14）怀绿。

（四）品读课文，感悟重点

1.朗读观绿部分，哪些句子能够体现作者对"绿"的喜爱？

（抓住词语、修辞来赏析）

"绿色是多宝贵的啊！它是生命，它是希望，它是慰安，它是快乐。我怀念着……我急不暇择的心情即使一枝之绿也视同至宝。"

运用了排比、比喻等修辞手法直抒胸臆地表达了对"绿"的强烈喜爱。

"我快活地坐在我的窗前。度过了一个月，两个月，我留恋于这片绿色。我开始了解穿越沙漠者望见绿洲的欢喜，我开始了解航海的冒险家望见海面飘来花草的茎叶的欢喜。"

通过对绿的细致观察和描写，表现"我"对绿逐层加深的迫切和炽热的喜爱。

2.研读"囚绿"部分，思考：

（1）作者"囚绿"后，常春藤的生长状况如何？

"它依旧伸长，依旧攀援，依旧舒放，并且比在外面长得更快"，"它的尖端总朝着窗外的方向。甚至于一枝细叶，一茎卷须，都朝原来的方向"。

"它渐渐失去了青苍的颜色……"

（2）在囚绿的过程中，"我"的感情发生了哪些变化？

"绿友"辜负了"我"的爱抚和善意，"我"对"绿友"的感情先是爱，后是恼，恼怒后，"我"决定仍然"囚系住它"。

（3）作者描写了"绿"被囚之后的生态，以及自己的心态，其用意是什么？

展现常春藤形象，突出其不甘被囚、追求光明的个性特点；而叙述自己的心态，是从侧面来表现常春藤的不屈与执着。

3.品读"放绿"部分，思考：

"放绿"部分点明了本文的写作背景是什么？在这种特殊的背景下，作者赋予了"绿"怎样的寓意？

在"放绿"部分，点明了"卢沟桥事件发生了"这一背景。在这种战乱的年代，作者赋予了常青藤什么寓意呢？

（五）知人论世，感悟情感

1.介绍作者及写作背景。

本文是作者在抗日战争爆发一年后写的，作者回顾了一年前在北平寓所把一株常青藤囚禁起来的故事，绿的那份不屈不挠给了苦闷中的作者精神的激励。

他于1942年4月13日被捕，不久由捕房转到虹口日本宪兵拘留所，刑审数月，惨遭杀害，时年34岁。

日本人曾提审陆蠡，问："你爱国吗?"

"爱国。"

"赞成南京政府（指汪伪政权）么?"

"不赞成!"

"依你看，日本人能不能征服中国?"

"绝对不能!"

日本人大怒，对他施以酷刑。

2."绿"象征着什么？在文中具体指什么人？

讨论明确：象征:光明、自由与和平。

"绿"在文中具体指：

（1）向往光明和自由、坚贞不屈的作者本人！

（2）蒙难、渴望自由与和平的人们！

（3）日寇铁蹄下坚强不屈的中华民族！

（六）拓展延伸

感悟那一抹绿。

常春藤的"永向光明、顽强抗争的精神"给你什么深刻的人生启示？列举一个事例来加以说明。

例：5.12地震中顽强生存的男孩；为建设港珠澳大桥不懈努力的林鸣。

教师寄语：

当我们的生命之绿被囚住时，我们不能失去生机，更不能枯萎和凋零！要永远向着阳光生长！勇敢地追逐生命的美丽和辉煌！迎接生命的怒放！

（七）布置作业

《囚绿记》用拟人手法写景状物，请借鉴这一写法，描写一种景物，力求写出景物特征。不少于300字。

《紫藤萝瀑布》

一、教材分析

《紫藤萝瀑布》收录在人教版义务教育教科书七年级语文下册。本文是著名女作家宗璞于1982年所作的散文。当时"文革"结束不久，作者心灵的创伤还没有平复，小弟又身患绝症，作者内心伤痛而无法纾解。作者无意之中看到了一树繁盛的紫藤萝，细细观赏之后，作者"疑惑和痛楚"的内心发生了变化，变得"宁静而喜悦"。作者进而想到以前"稀落伶仃"的紫藤萝，再对照眼前繁盛的紫藤萝。作者联想到人生会遇到各种各样的不幸，而生命是无止境的，进而感悟到人生的美好和生命的永恒，增强了生活的勇气。全文景物描写细致传神，文字简洁精练，情感抒发及主旨表达委婉含蓄，带给人意味深长的思考。

二、教学目标

1.朗读课文，理清文章线索，把握作者思路。
2.了解景物特点，感受文章优美语言。
3.比较阅读，分析托物言志写法，体会作者含蓄而深沉的思想情感。

三、教学重难点

1.用精读的方法，把握作者思路，品析文中语言。
2.用比较阅读方法，了解托物言志写法，体会文章蕴含哲理。

四、教学时数

1课时。

五、教学过程

（一）创设情境，导入新课

（出示瀑布图片）同学们，望着眼前的瀑布，你们是否能想起与瀑布有关的诗句呢？是啊，自然界中的瀑布是如此的壮观。但是今天我们将要欣

赏的是另一种瀑布，它是花的瀑布。接下来，就让我们一起走进宗璞的《紫藤萝瀑布》。（板书课题、作者）

（二）检查预习

1.积累字词。

迸（bèng）溅　　　　　伫（zhù）立

伶（líng）仃（dīng）　　花苞（bāo）

沉淀（diàn）　　　　　挑（tiǎo）逗

忍俊不禁（jīn）　　　　盘虬（qiú）卧龙

2.作者宗璞，原名冯钟璞，著名哲学家冯友兰之女。

（三）**朗读课文，初识藤萝**

1.默读课文，感知文意。

学生默读课文，说说文章写到了哪些内容。

2.思考文章是按什么顺序描写紫藤萝的。

整体到局部：一树花——一穗花——一朵花；

时间顺序：见花—赏花—悟花，这是全文的写作思路，不能和作者写花的顺序混淆。

3.小组合作探究，思考文章是从哪些方面描写紫藤萝的。

学生自读课文，在文中圈画出描写紫藤萝的句子，小组交流并归纳。

如："像一条瀑布，从空中垂下，不见其发端，也不见其终极"，这是从整体上写出了紫藤萝繁花倒垂，倾泻而下的状态，化静为动，十分繁盛、壮观。（形态美）

"紫色的大条幅上，泛着点点银光，就像迸溅的水花"，写出了紫藤萝的主色调"紫色"，"每一穗花都是上面的盛开、下面的待放。颜色便上浅下深"，这一句写出了紫色的变化，这样紫色有浓有淡，富有层次，给人变化美。（颜色美）

作者笔下的紫藤萝充满童趣，宛如天真烂漫、活泼可爱的儿童。"在和阳光互相挑逗""彼此推着挤着，好不活泼热闹""'我在开花！'它们在笑"……作者用拟人的笔法把紫藤萝写活了，也将自己的主观感受巧妙融合在富有情趣的紫藤萝上。（情趣美）

（四）**再读课文，走近藤萝**

1.自读课文，请在"____的紫藤萝"的横线上填写一个词语。

教学预设：学生可能会填的词语有"美丽、繁盛、壮观、欢乐、热闹、活泼、生机勃勃"等。但学生很可能会忽略作者对以前紫藤萝的描绘，这时教师要引导学生关注作者描写以前紫藤萝的句子，让学生对比阅读，获得对紫藤萝的完整印象，全面把握紫藤萝的特点，为后面分析作者情感变化做铺垫。

2.朗读课文，找出自己最喜欢的描写紫藤萝的句子与大家分享。

教学预想：这个教学环节，让学生体会文中优美的写景语句，进一步感受紫藤萝的特点。

文章在描写紫藤萝瀑布时，运用了比喻、拟人、通感等修辞方法，把静态的花写得活灵活现，让读者眼前就仿佛出现了一幅幅美丽壮观、色彩分明的藤萝画。如："每一朵盛开的花像是一个小小的张满了的帆，帆下带着尖底的舱。船舱鼓鼓的，又像一个忍俊不禁的笑容，就要绽开似的。"这个语句化静为动，形象逼真地写出了花朵绽放的形态，充满了活力和情趣。

（五）精读课文，体会情感

1.朗读课文，画出体现作者情感变化的语句。

教学预设：这个教学环节，主要是为了让学生明白作者情感的变化。学生可能体会不到叙述中作者的情感，还会忽略作者议论性的语句。

学生可能圈画的语句有："我心上的焦虑和悲痛""我浸在这繁密的花朵的光辉中，别的一切暂时都不存在，有的只是精神的宁静和生的喜悦"。

教师补充：

"不由得停住了脚步"，这句话暗含作者心头的焦虑和悲痛。

"在这浅紫色的光辉和浅紫色的芳香中，我不觉加快了脚步"，这不正是作者感悟生命真谛后振奋精神的表现吗！

"花和人都会遇到各种各样的不幸，但是生命的长河是无止境的。"花开花谢如同人生命运的浮沉，生命的历程是曲折的，但生命的存在是永恒的。作者至此彻底感受到了时代的变迁和生命的美好，因而增强了生活的勇气。

2.小组合作探究，思考作者情感变化的原因。

这个教学环节，让学生建立"物"与"志"之间的联系，为下面讲解托物言志的手法做铺垫。学生可能会对文中一些句子难以理解，教师可以适当补充背景知识。

教师补充：当时"文革"结束不久，作者心灵的创伤还没有平复，小弟又身患绝症，作者内心伤痛而无法纾解。

紫藤萝瀑布的流动时刻牵引着作者情感的流淌。看到一树繁盛的紫藤萝，作者静静欣赏，细细品味。繁盛、壮观、活泼、可爱的紫藤萝带走了一直压在作者心上的焦虑和悲痛，作者"浸在这繁密的花朵的光辉中，别的一切暂时都不存在，有的只是精神的宁静和生的喜悦"。然而花的生命历程并非一帆风顺，紫藤萝也曾经遭受不幸，想到以前"稀落伶仃"的紫藤萝，再对照眼前繁盛的紫藤萝。作者深刻体悟到："花和人都会遇到各种各样的不幸，但是生命的长河是无止境的。"花开花谢如同人生命运的浮沉，生命的历程是曲折的，但生命的存在是永恒的。作者至此彻底感受到了时代的变迁和生命的美好，因而增强了生活的勇气。

（六）比较阅读，了解写法

1.重温托物言志写法，让学生就这篇文章举例分析。

托物言志，即通过描绘具体事物的形象来表达思想，寄托感悟。这种写法，是我国文学的一个传统。

教学预设：学生对紫藤萝的特点会把握的比较透彻，但难以建立紫藤萝和作者情志间的联系。教师让学生借助文本充分感受紫藤萝的现在和过去，"繁盛"和"伶仃"，进而理解到作者情感的变化，体会作者对生命、对人生的感悟。

2.把《爱莲说》《陋室铭》和《紫藤萝瀑布》加以比较，看看三篇文章在写法上有什么共同点。

讨论明确：这三篇文章都是托物言志的文章，尽管语言形式不同，选材不同，但都是通过描绘具体事物的形象来表达思想，寄托感悟。《爱莲说》这篇课文是通过描写"出淤泥而不染"的莲花，表明自己不慕名利、洁身自好的生活态度。《陋室铭》这篇文章借对陋室的描绘，表明自己高雅的情趣和安贫乐道的态度。

宗璞的《紫藤萝瀑布》借紫藤萝今昔的繁盛枯荣，来表现作者对"疾病的痛楚""生死的疑惑"的思考。通过这个教学环节，学生能加深对托物言志写法的理解。

（七）课堂小结

生命就像紫藤萝瀑布一样，虽然历经磨难，但仍然顽强而快乐地生长。

只有经历过苦难的人，才会珍惜生活、珍爱生命。正如作者所说，生命的长河是无止境的。每个人都应当像紫藤萝的花朵一样以饱满的生命力，投身到生命的长河中去，让生命更加绚丽多彩。

（八）布置作业

课下阅读作者宗璞的《丁香结》《燕园寻树》《好一朵木槿花》等，与本文进行比较，看看这些作品有什么共同特点。

单元教学指导

中国古典诗歌是一门独特的文学艺术，与其他文学样式不同，它言辞凝练，想象丰富，表现手法多样，源于生活而又高于生活，形成简约、精炼、形象、意蕴丰富的一门特殊的语言艺术。古典诗歌教学是语文教学的重点，也是难点，在尊重学生个性解读的前提下，采用灵活有效的教学策略，提高学生的鉴赏能力是所有一线老师的责任。

学习古典诗歌，要指导学生反复吟咏，体会诗歌的思想感情，注意不同的作品在创作手法上的独创性，还要注意不同诗体的节奏，感受由此产生的不同乐趣。

诗歌鉴赏也是一种文学鉴赏活动，是一个主观性很强的自主活动，学生是教学过程的主体，对诗歌形象、意境、情感的把握应该通过学生的积极参与加上老师的引导调整共同完成，而不是老师个人的体会认识，老师应该给学生创设一个学生可自主理解感悟、生生可合作探究、师生可互动交流的有序、和谐、宽容教学环境，而不能把课堂当成老师一个人的舞台

1. 根据诗歌的特点开展教学。鼓励学生结合自己的生活体验深挖诗歌所蕴含的情感，如学生对苏轼的"长淮忽迷天远近，青山久与船低昂"的解读，一开始仅仅停留在景物描写的层面上，在老师的引导与点拨下，学生之间相互交流讨论后，有从写景角度，解读出远近动静结合的，也有从情感角度提出是对前途迷茫的感慨，还有同学认为青山随船在水中起伏时低时昂是诗人对宦海沉浮感慨的形象表达，这些个性化的解读非常好，应予以肯定和赞扬。

2. 努力培养学生学习古诗词的兴趣。可以从较为简单的或带有故事情节的古诗词入手，让学生改写成现代散文诗；也可以从现有的化用古典诗词的歌曲中让学生找出对应的古诗词，如歌手许嵩的《庐州月》旋律典雅，化用了成语和古诗词，学生边听音乐边欣赏古诗词，兴趣盎然。

3. 拓展课外阅读，提升鉴赏能力。"操千曲而后晓声，观千剑而后识器"，只有拓展诗歌课外阅读量，才能慢慢体会出其规律，感受其特点，也

只有见得多，认识才会深刻明确，才能感受诗人丰富含蓄的情感，才能准确把握其艺术手法。

《氓》

一、教材分析

《氓》选自《诗经》，收录在人教版普通高中语文教材必修2，这是一首叙事诗。作者以第一人称"我"来叙事，采用了回忆追述和对比手法，顺着"恋爱—婚变—决绝"的情节线索叙事，塑造了一个勤劳、温柔、坚强的妇女形象，表现了古代妇女追求自主婚姻和幸福生活的强烈愿望。

二、教学目标

1.积累重要文言词语，熟读并背诵全文。

2.感知抒情主人公的形象及意义。

3.了解中国古代人民对真挚爱情的向往，陶冶高尚情操，树立正确的爱情观。

三、教学重难点

1.抒情主人公思想情感的把握。

2.人物形象特征及其表现手法。

四、教学时数

1课时。

五、教学过程

（一）创设情境，导入新课

《诗经》中的《关雎》《蒹葭》等经典作品，让我们感受了最早的对爱情的向往和歌咏，今天让我们跟随《诗经》中的《氓》去聆听另一个女主人公的爱情故事以及她的爱情观。

（二）检查自学情况

1.放录音，指导学生注意听准字音和节奏，再朗读全诗。

2.PPT呈现重点文言词语：

氓 淇 愆 筮 咎 隰 垣 泮 垝

3.总结四言诗的诵读节奏。

（三）整体感知

1.一组两章，思考全诗按照情节可分为哪三个阶段。

讨论明确：全诗六章，每章10句。

第一、二章追述恋爱生活，第三、四、五章追述婚后生活，第六章表示决心。

三个阶段：

恋爱（1—2）；

婚变（3—5）；

决绝（6）。

2.女主人公的回忆时间及地点：

决绝时，淇水畔。

3.一个字概括每阶段女子的情感。

第一阶段：耽；

第二阶段：悼；

第三阶段：怨。

（四）赏析人物形象

指名学生朗读，关注细节。

1.恋爱阶段：三个细节——初次相逢、定情相送、约期相别；

女主人公温柔体贴，纯真痴情。

2.婚变阶段：比兴手法、议论抒情；

女主人公任劳任怨，安静隐忍。

3.决绝阶段：齐读；

女主人公理智清醒，坚决果断。

那么，氓是怎样的人？

师生交流、讨论。

（五）探究每个阶段女主人公的情感色彩

讨论明确，情感变化是：恋爱时情深意切—婚变中委曲求全—觉醒后清醒刚烈。

（六）拓展迁移

你如何看待女主人公的婚姻悲剧？引入弗洛姆《爱的艺术》和舒婷《致橡树》，引导学生树立正确的爱情观。

（七）师配乐朗诵，结束课文

（八）布置作业

1.背诵全诗。

2.体会对比、比兴手法的运用。

《采薇》

一、教材分析

《采薇》选自《诗经·小雅》，收录在人教版普通高中语文教材必修2。这是一首戍边之歌，表现了普通士兵在离乡出征的岁月里的艰苦生活和内心伤痛，字里行间表达了对战争的不满和对故乡的思念。

二、教学目标

1.积累文言词语，有感情地诵读并背诵这首诗。
2.了解《诗经》重章叠唱的章法并体会其艺术效果。
3.理解文本内容，了解家园之思，感受家国情怀。

三、教学重难点

1.品味语言，把握主人公的复杂情感。
2.以景衬情的表现手法。

四、教学时数

1课时。

五、教学过程

（一）创设情境，导入新课

有一首军歌《想家的时候》大家一定很熟悉，它表达了我们军人的家国情怀，那么在几千年前，《诗经》中就有这样类似的歌咏了，今天让我们一起去听听古代戍边将士的内心吟唱。

（二）检测预习，疏通文义

1.评读。（要求：读准字音，读准节奏）

2.字音。

猃狁（xiǎn yǔn）　　载饥载渴（zǎi）

王事靡盬（gǔ）　　四牡骙骙（kuí）

3.通假字。

岁亦莫止（"莫"通"暮"）彼路斯何（"路"通"辂"，大车）

彼尔维何（"尔"通"薾"）玁狁孔棘（"棘"通"急"）

（三）研讨感悟，体味情感

从结构上，全诗可以分成三部分：

1.第一部分（1—3），叙述难归的原因和军旅生活的劳苦。

生朗读诗歌一二三节，思考：

（1）这一部分，作者用了什么手法？形式上有何特点？

明确：重章叠句的手法；句式结构相近，意思相近。

（2）表达了作者怎样的思想情感？

明确：想家。怨恨玁狁。为王事而走，戍边是责，义不容辞。

2.第二部分（4—5），写战争。通过具体生动的细节描写来展现战争。没有直接描写战场上的刀光剑影、厮打拼杀，但战争的残酷已可想见。

生朗读诗歌四五两节，思考：

这一部分，表达了作者怎样的思想情感？

明确：这两章通过写军容之盛、戒备之严，字里行间透露出自豪之情、昂扬之气。有一种朴素的爱国主义精神。

3. 第三部分（6），写归途。

生朗读诗歌最后一节，思考：

抒情主人公已走在回家的途中，他为什么还说"我心伤悲，莫知我哀"？

明确：戍卒内心充满了感伤和愁苦。归途漫漫，又饥又渴；一别多年，生死不知；前路迷茫，物是人非。

（四）深度解读，探究拓展

1.《采薇》末章的前四句，历代传诵不已。那么它永久的艺术魅力是怎样表现的呢？说说你的理解。

明确，表现手法是：

①借景抒情，情景交融；

②以乐景写哀情，以哀景写乐情；

③今昔对比。

2.《采薇》一诗，在题材上可称为边塞诗的鼻祖，请说一说你所知道的边塞诗，并说说它们的感情。

（五）课堂小结

《采薇》一诗，在题材上可称为边塞诗的鼻祖，征人思乡，是后代边塞诗的重要主题，这首诗以最真实的诗句、最自然的艺术，挑动了人们的某一根心弦，准确地说出了人们心里千变万化的情绪，传诵了数千年，愈久弥香。

（六）布置作业

请发挥想象，将"昔我往矣，杨柳依依；今我来思，雨雪霏霏"这几句改写成一段文字。要求：注意其中的人物、环境、情节、细节等。

《离骚》

一、教材分析

《离骚》选自《楚辞校释》，收录在人教版普通高中语文教材必修2。课文节选部分主要叙述了作者因洁身自好、坚持正道而受到周围众人的猜疑和造谣中伤，君主也疏远了他。他一方面表明誓死绝不退缩，绝不和蝇营狗苟的小人同流合污，一方面设想自己要隐退，同时更加努力培养自己的美好德行。

二、教学目标

1.通过反复诵读，熟悉本文的艺术手法，了解"楚辞体"的特征。
2.通过鉴赏重点句子，让学生理解并感受屈原高尚的人格美。
3.感受屈原忧国忧民的高尚情操，培养学生的爱国情怀。

三、教学重难点

1.反复诵读，理解洁身自好、坚持正道的高尚节操和爱国精神。
2.理解抒情主人公形象和诗中独特的艺术手法，培养学生的高尚情操。

四、教学时数

2课时。

五、教学过程

▶ 第一课时

（一）创设情境，导入新课

毛泽东同志在《沁园春·雪》中慨叹封建帝王武功有余而文才匮乏时说"唐宗宋祖，稍逊风骚"，这里的"风骚"指的是什么？（《诗经》中的《国风》和《楚辞》中的《离骚》）

我国第一部诗歌总集《诗经》开创了现实主义的诗风，与之相提并论的《楚辞》则开创了浪漫主义的诗风。所以,"风骚"就成了文学的代名词。今天,我们就来学习《楚辞》中的名篇《离骚》。(板书课题:《离骚》)

(二)解题

1.屈原:(约前339—约前278),战国楚诗人。名平,字原,又自云名正则,字灵均。战国时楚国贵族。初辅佐怀王,做过左徒、三闾大夫。主张彰明法度,举贤授能,改革政治,东联齐国,西抗强秦,其政治理想的内容是"美政"。后遭谗去职,两次被流放,因无力挽救楚国灭亡,政治理想无法实现,投汨罗江而死。其主要作品有《离骚》《天问》《九歌》《九章》等。

2."楚辞":

①诗体名。屈原吸收楚地民间语言和民歌形式而创作的一种诗歌样式,又称"骚"体。

②总集名。西汉刘向所辑,收屈原、宋玉及汉代淮南小山、东方朔、王褒、刘向等人的诗歌作品,主要是屈原的作品。

③特色:"楚辞"以优美的语言、丰富的想象,溶化神话传说,塑造鲜明形象;以楚地的诗歌形式、方言声韵,描写楚地的风土人情,具有浓厚的地方色彩,富有积极浪漫主义精神。对后世影响很大。

3.《离骚》:

《离骚》代表了"楚辞"的最高成就。它不仅是屈原的代表作,同时也是我国古典文学中最伟大的长篇抒情诗。

"离",通"罹","遭遇"义;"骚","忧愁"义。"离骚"即"遭遇忧愁"的意思。司马迁解释"离骚"为"离忧";班固解释为"遭遇忧患";王逸解释为"离别的愁思";也有人解释为"牢骚"。现多采用班固的解释。

《离骚》前半部分,作者反复倾诉其对于楚国命运的关怀,表达了他要求革新政治、与权贵集团斗争的强烈意志;后半部分又通过神游天上、追求理想,表现了失败后欲以身殉道的炽热情感,反映出他热爱楚国的思想感情。作品运用"香草美人"的比喻、大量的神话传说和丰富的想象,形成绚烂的文采和宏伟的结构,表现出积极的浪漫主义精神,对后世文学有深远的影响。全诗372句,93节,2464字,课文是节选。

（三）一读课文，读懂大意

1.放配乐朗读磁带，扫除文字障碍。

2.指导朗读。

（1）注意节拍，如：

长太息/以掩涕兮　　　　　余/独/好修/以为常

虽/体解/吾/犹未变兮　　　岂/余心之/可惩

讲解:一般每句二至四个节拍，随文切分。

（2）注意延长，如：

悔相道之不察兮——

忽反顾以游目兮——

讲解："兮"字相当于现代汉语中的语气词"啊"，因此读音要延长一些。

（3）注意重音。

（4）注意感情。

3.学生自读课文。

要求：对照注释，弄清课文内容。

4.学生质疑、弄懂关键词语意义。

修姱：修洁而美好。

羁：喻指束缚、约束。

谇：谏诤。

怨：恨。（"恨"在文言中多为"遗憾"义）

浩荡：多义词，这里为"荒唐"义。

民心：人心

溘：突然。（同"溘然长逝"）

忍尤：忍受强加的罪过；尤：这里作"罪过"讲。

反：文言文中多作"返"讲。

怅:忧闷。

岌岌：高耸的样子。

陆离：修长的样子。

5.学生说出课文意思。

要求：指名3—5人回答；纠正。

6.课堂练习。

区别下列各组加点字的意义和用法:

（1）之　哀民生之多艰（助词，用在主谓之间，取消独立性）

　　　　高余冠之岌岌兮（助词，定语后置）

（2）以　长太息以掩涕兮（连词，而）

　　　　既替余以蕙纕兮（介词，用）

　　　　竞周容以为度（介词，把）

（3）虽　余虽好修姱以鞿羁兮（副词，虽然）

　　　　虽九死其犹未悔（副词，即使）

（四）作业

感情朗读、背诵课文。

▶ 第二课时

（一）抽查背诵

（二）再读课文，整体感知

讨论明确，结构上可以分为两个部分:

第一部分（1—7）：述怀，揭示"朝谇而夕替"之因，表达"虽九死其犹未悔"的意志。

第二部分（8—13）:反省，表现为追求美政、美德"虽体解吾犹未变"的高尚节操，抒发忧国忧民、献身理想的爱国情怀。

（三）三读课文，探究人物形象——崇高之美

1.诗人是什么样的外在形象?

"制芰荷以为衣兮，集芙蓉以为裳""高余冠""长余佩""佩繁饰"。

有秀美的蛾眉，用香蕙作佩带，裁剪荷叶作上衣，缝缀荷花瓣作夏装，加高那本已很高的帽子，加长那本已经很长的佩带，佩戴着缤纷多彩的服饰，菲菲芬香更加显著。

2.诗人有什么样的内在品格?

请找出直抒胸臆、表露心志的语句。

"长太息以掩涕兮，哀民生之多艰。"——忧国忧民；

"伏清白以死直兮，固前圣之所厚。"——执着不移；

"宁溘死以流亡兮，余不忍为此态也。"——疾恶如仇；

"民生各有所乐兮，余独好修以为常。"——洁身自好；

"亦余心之所善兮，虽九死其犹未悔。"——坚持真理。

师总结：进步的政治理想，深厚的爱国主义激情，庄严的历史使命感，以及悲壮的献身精神，构成了屈原无比崇高的美的人格，光辉曜日的美的形象。

推此志也，虽与日月争光可也。——司马迁

不有屈原，岂见《离骚》？惊才风逸，壮志烟高。——刘勰

逸响伟辞，卓绝一世。——鲁迅

（四）四读课文，体会艺术之美

1.整体上，浪漫主义手法。

品格超凡脱俗；思维奇特（想象、比喻）；语言活泼（句式）。

2.具体来看，"香草美人"的象征手法。

"怨灵修之浩荡兮，终不察夫民心。"——"灵修"本意是神仙，此指君王。

"众女嫉余之蛾眉兮，谣诼谓余以善淫。"——"蛾眉"喻自己的美德。以"众女"肆意造谣中伤喻朝臣对自己的造谣中伤。

"鸷鸟之不群兮，自前世而固然。"——"鸷"喻诗人，"鸟"喻周围群小。

"制芰荷以为衣兮，集芙蓉以为裳。"——以衣服佩饰喻诗人的美德。

"佩缤纷其繁饰兮，芳菲菲其弥章。"——喻诗人品德高洁。

正如东汉王逸所说："善鸟香草以配忠贞，恶禽臭物以比谗佞，灵修美人以媲于君。"

（五）拓展延伸

探究屈原之死，体味本文的悲壮之美。

1.阅读下面材料，探析屈原思想。

屈原既放，游于江潭，行吟泽畔，颜色憔悴，形容枯槁。渔父见而问之曰："子非三闾大夫与？何故至于斯？"屈原曰："举世皆浊我独清，众人皆醉我独醒，是以见放。"

渔父曰："圣人不凝滞于物，而能与世推移。世人皆浊，何不淈其泥而扬其波？众人皆醉，何不餔其糟而歠其醨？何故深思高举，自令放为？"

屈原曰："吾闻之，新沐者必弹冠，新浴者必振衣；安能以身之察察，受物之汶汶者乎？宁赴湘流，葬于江鱼之腹中。安能以皓皓之白，而蒙世俗之尘埃乎？"

　　渔父莞尔而笑，鼓枻而去，乃歌曰："沧浪之水清兮，可以濯吾缨；沧浪之水浊兮，可以濯吾足。"遂去，不复与言。

　　屈原：矢志不渝，舍生取义。

　　2.为何不苟且偷生？或楚才晋用？

　　①贵族，无法抛弃楚国。

　　②个人生死和荣誉之间。

　　③自己对"美"的喜爱。

　　3.请在文中找出相关的语句。

　　"宁溘死以流亡兮，余不忍为此态也！"

　　"虽体解吾犹未变兮，岂余心之可惩！"……

　　师总结：洋溢在长诗《离骚》中的整个感情却不是悲观，甚至也不单纯是悲哀。它表现的是正义压倒邪恶，庄严压倒恐怖，美压倒丑；它所表现的是"伏清白以死直""九死而不悔"的刚毅不屈精神；是探索，是苦苦地追求。

　　齐读全文。

　　（六）课堂小结

　　五千年中华文明史少不了屈原，灿烂的中国文学史少不了屈原。屈原的伟大，在于他的矢志不移的爱国精神，不与小人同流合污的高风亮节。同时，在于他所写成的诗歌，是中国诗歌中的精品，是中国文学史上的瑰宝。透过这节课，希望同学们在赏析《离骚》艺术特色的同时，也能去体会诗人的高尚的品质，为人生树立一面镜子。

　　（七）布置作业

　　背诵《离骚》并涵泳文中蕴含的三美。

《孔雀东南飞》并序

一、教材分析

本文选自南朝陈徐陵编《玉台新咏》卷一，原名《古诗为焦仲卿妻作》。收录在人教版普通高中语文教材必修2。《孔雀东南飞》（并序）在继承《诗经》现实主义精髓的基础上，开创了中国长篇叙事诗的先河，是具有里程碑式的文学作品，它和北朝民歌《木兰辞》被喻为"乐府双璧"。诗歌通过对刘兰芝和焦仲卿的婚姻悲剧的叙述，揭露了封建家长制和封建礼教摧残青年男女幸福生活的罪恶，歌颂了刘兰芝、焦仲卿对爱情的忠贞不渝和对压迫者的反抗精神，反映了人民群众对被迫害者的无限同情和追求婚姻自由、珍惜爱情生活的强烈愿望。

二、教学目标：

1.了解"乐府"及"乐府诗"；
2.理清故事情节，把握人物形象；
3.探讨造成故事悲剧结局的原因，理解本诗的主题思想。

三、教学重难点

1.把握故事发展过程，学习塑造人物性格特点的方法，概括人物形象特点。
2.理解本诗的主题思想。

四、教学时数：

2课时。（本节只展示第1课时）

五、教学过程

（一）创设情境，导入新课

《孔雀东南飞》堪称我国古代爱情诗的绝唱，千百年来，让人们感叹不已。是什么使这首诗具有如此强大的感染力呢？让我们一起走进《孔雀东南飞》。

（二）解题

"乐府"是汉武帝时设立的一个官署。它的职责是采集民间歌谣或文人的诗来配乐，以备朝廷祭祀或宴会时演奏之用。它搜集整理的诗歌，后世就叫"乐府诗"，或简称"乐府"。它是继《诗经》《楚辞》之后而兴起的一种新诗体。

《孔雀东南飞》是保存下来的我国古代最早的一首长篇叙事诗，也是古乐府民歌的代表作之一，与北朝的《木兰诗》并称"乐府双璧"。《孔雀东南飞》《木兰诗》与唐代韦庄的《秦妇吟》并称为"乐府三绝"。

（三）自读全诗，整体感知

1.掌握字音、词义，特别是一词多义、古今异义、通假字等。

2.请学生用自己的话复述诗歌的故事情节。

要点：刘兰芝的美德，两情相依的重要情节，兰芝抗婚，双双殉情，化鸟双飞的愿望。

3.理清线索，明确结构。

开头两句：孔雀失偶——引子；

第一部分：兰芝自诉——开端；

第二部分：夫妻誓别——发展；

第三部分：兰芝抗婚——进一步发展；

第四部分：双双殉情——高潮、结局；

第五部分：告诫后人——尾声。

（四）细读全诗，鉴赏人物

1.分析刘兰芝形象。

通过有个性的人物对话塑造鲜明的人物形象是《孔雀东南飞》最大的艺术成就。沈德潜曾说："淋淋漓漓，反反复复，杂述十数人口中语，而各肖其声音面目，岂非化工之笔。"

（1）诗中有两段诗句几乎完全一样，请找出来，简析这种繁笔（不厌其烦，细加描述）的作用。

明确：在第2段和第13段。突出兰芝多才多艺，有教养，是个本应无所指责的好媳妇。为下文的被遣作铺垫。

（2）在兰芝离开焦家时，特意写她的晨起梳妆。其作用是什么？

明确：不仅巧妙地对兰芝的美作必要的补叙，为下文县令和太守的两度求婚作张本，而且有力地突出了兰芝那种冷静、镇定、外柔内刚、不卑不亢的性格。

（3）比较兰芝与婆婆、小姑离别时的言行，表现兰芝的什么性格特点？试作简要分析。

明确：对婆婆，突出其倔强，貌似谦卑，实含激愤不平之意，有修养，识大体。

对小姑，心地善良，"知礼节"。

（4）文中用了较多的笔墨写太守迎娶的排场，用意何在？

明确：突出表现兰芝的节操美，不慕荣华富贵，爱情专一，反衬其悲剧命运，加重悲剧气氛。

（5）兰芝投水，表现了她什么性格特点？

明确：忠于爱情，勇于反抗。

总结刘兰芝形象：一个聪明美丽、勤劳善良、知书识礼、坚强忠贞、富有反抗精神的妇女形象。

2.概括焦仲卿、焦母、刘兄形象。

焦仲卿：谨守孝道，对爱情忠贞不渝、忍辱负重，在爱情的夹缝中倍受煎熬，具有反抗精神。

焦母：蛮横无理、独断专行，对儿子软硬兼施。

刘兄：性行暴戾、尖酸刻薄、趋炎附势、冷酷无情。

（五）深入探究，感悟难点

1.现实主义要求刻画典型环境中的典型性格，从而达到反映生活本质的目的。我们从焦、刘身上可以看到怎样的社会现实？

讨论明确：故事发生在"汉末建安中"。当时的背景是，汉武帝时"罢黜百家，独尊儒术"，封建制度渐趋严密。在家庭生活方面，家长制成为清规戒律。"天下无不是之父母"，这正是焦、刘悲剧的根本原因。在这一时代氛围里，在焦母的淫威下，焦仲卿敢于站在兰芝一边，表明与兰芝"结发同枕席，黄泉共为友"的坚决态度，实在是难能可贵的。面对儒家所规定的封建家长制度、封建礼教，焦仲卿举起的那面反抗的旗帜，无疑是茫茫长夜中的一道闪电！

2.焦刘悲剧产生的原因是什么？

（1）性格的悲剧；

刘兰芝不仅美丽善良，而且外柔内刚，所以当她面对独断专行的婆婆，性行暴戾的哥哥也决不屈服。焦仲卿官宦世家，从小生活在母亲的淫威之中，养成了懦弱无能的性格，所以当他面对母亲的威逼，就决定了他不可能主动争取婚姻的幸福。

（2）社会的悲剧；

在当时，儒家经义中的"孝"充当着捍卫封建礼教，维护封建家长权威的坚实堤坝。所以焦母能用高压政策对待儿子，刘兄能用威逼手段胁迫妹妹，将他们双双推向了婚姻的坟墓。从这个角度看，封建家长制和封建礼教实质充当了杀害他们的刽子手。

3.总结本诗的主题思想。

诗歌通过焦仲卿与刘兰芝的爱情悲剧，有力地揭露了封建礼教特别是封建家长制的罪恶，同时热情地讴歌了焦仲卿和刘兰芝为了忠贞不渝的爱情，争取婚姻自主，宁死不屈地反抗封建恶势力的斗争精神。

（六）布置作业

1.思考诗歌开头起兴手法的运用及结尾浪漫主义手法的作用。

2.总结归纳全文重要的文言知识。

《涉江采芙蓉》

一、教材分析

本诗选自南朝梁萧统《文选》卷二十九，收录在人教版普通高中语文教材必修2。《古诗十九首》是东汉末年文人五言诗的选辑。诗的内容大多表现游子、思妇的离情别绪与人生苦短、彷徨失意的消极情绪和及时行乐等思想，充满感伤、低沉的情调。《涉江采芙蓉》就反映了游子思乡的痛苦。

二、教学目标

1.了解五言诗的特点，反复诵读感悟，背诵这首诗。
2.鉴赏诗歌的表现手法。
3.培养和激发学生对我国古代诗歌尤其是古诗的热爱之情。

三、教学重难点

1.分析诗歌主要的表现手法及表达效果。
2.分析抒情主人公的形象，体会抒情主人公的内心情感。

四、教学时数

1课时。

五、教学过程

（一）创设情境，导入新课

中国很早就有采摘花草送给亲朋好友的习俗。大家知道古人在什么时候送什么花草表达什么意思吗？下面我们一起读三首古诗，看看古人送的是什么？有什么样的寓意？

①《西洲曲》　②《红豆》刘禹锡　③《赠范晔》陆凯（南北朝）

（二）解题

《古诗十九首》最早见于《文选》，是两汉五言诗的代表作。它是我国五言诗成熟的标志，它"怨而不怒"，直抒感兴，是我国感伤主义文学最早最集中的体现。

（三）**初读感知**

1.要求：自由诵读这首诗，注意红色字的意义。

2.提问学生解释加点的重点字词。

涉江采芙蓉

兰泽多芳草

采之欲遗谁

所思在远道

还顾望旧乡

长路漫浩浩

同心而离居

忧伤以终老

3.提问学生翻译全诗，并由其他学生点评。

4.解释"芙蓉"的象征意义。

总结：

（1）君子之花。周敦颐说，"莲，花之君子者也"。

（2）爱情之花。南朝乐府《西州曲》："采莲南塘秋，莲花过人头；低头弄莲子，莲子青如水。"

（3）生命之花。"常记溪亭日暮，沉醉不知归路。兴尽晚回舟，误入藕花深处。争渡，争渡，惊起一滩鸥鹭。"（李清照《如梦令》）

（4）理想之花。"彼泽之陂，有蒲与荷。有美一人，伤如之何，寤寐无为，涕泗滂沱。"（《诗经·陈风·泽陂》）

（四）**精读感悟**

1.要求：深入文本，精读品味，你从诗中看到了一个怎样的人物形象？

2.学生自由诵读，深入文本思考。

3.学生交流展示思考成果，其他同学点评。

4.总结：

①一个顾影自怜、无聊忧伤、思念远方亲人的女子形象。

②一个漂泊在外、欲归难归、孤独忧伤、思念家乡亲人的男子形象。

5.要求学生带感情诵读。

（五）悟读探究

1.深入思考，合作探究，这首诗运用了哪些技巧手法？有什么表达效果？

学生合作探究，教师归纳总结。

明确：象征、谐音双关、想象与联想、对写法、虚实结合

2.重点讲解对写法，并再举两例，加深学生认识。

邯郸冬至夜思家

白居易

邯郸驿里逢冬至，抱膝灯前影伴身。

想得家中夜深坐，还应说着远行人。

月　夜

杜　甫

今夜鄜州月，闺中只独看。

遥怜小儿女，未解忆长安。

香雾云鬟湿，清辉玉臂寒。

何时倚虚幌，双照泪痕干。

（六）美读体味

1.要求：把自己想象成诗中的女子或男子进行诵读，用心感受，用心倾听，体味至纯至美情感。

2.学生自由诵读。

3.推荐个别学生诵读展示。

4.教师诵读展示。

（七）布置作业

1.背诵课文《涉江采芙蓉》，并准备默写。

2.完成《涉江采芙蓉》导学案上的习题。

《短歌行》

一、教材分析

本诗选自《曹操集》，收录在人教版普通高中语文教材必修2。行，是古代诗歌的一种体裁，可配乐歌唱。建安十三年，曹操率大军南下，列阵长江，欲一举攻灭孙、刘势力。大战前夕，曹操宴请文武百官，饮至半夜，忽闻鸦声往南飞鸣而去，曹操感此景，持槊歌此诗。诗人通过宴会时的歌唱来表达求贤若渴的思想和统一天下的雄心壮志。

二、教学目标

1.诵读并背诵诗歌，了解魏晋古诗的特征。
2.体会曹操诗歌慷慨昂扬的风格。
3.学习积极进取的人生观。

三、教学重难点

1.体会曹操诗歌慷慨激昂的风格。
2.运用典故及比兴手法表达感情的技巧。

四、教学时数

1课时。

五、教学过程：

（一）创设情境，导入新课

他曾经叱咤风云，在三足鼎立的历史舞台上，他是一个个性张扬的英雄；在中国文学的舞台上，他是个慷慨豪迈的大诗人。他就是曹操。今天我们来学习他的代表作《短歌行》，一起来感受曹操的英雄气概！

（二）检查预习

1.《短歌行》属《相和歌·平调曲》，乐府又有《长歌行》，长歌、短歌是指曲调长短而言。

行是古代歌曲的一种体裁,这大概是用于宴会的歌辞。

2.曹操。字孟德,东汉杰出的政治家、军事家,汉末建安时期文坛领袖和重要的诗人。他的诗代表了"建安风骨"的特色,推动了五言诗的发展。

3.生读全诗,读准字音,读懂词义。

(三) **整体感知**

1.通读全诗,如果要你用诗中的一个词来概括诗人的情感,大家认为哪个词最恰当?

讨论明确:"忧"。

2.诗人"忧"什么?

讨论明确:人生短暂,人才难求。

3.诗歌结构:

第一部分(开头至"唯有杜康")时光易逝,人生苦短。

第二部分("青青子衿"至"鼓瑟吹笙")思念贤才,宴饮嘉宾。

第三部分("明明如月"至"心念旧恩")渴盼人才,忧思难解。

第四部分("月明星稀"至结尾)虚心纳士,竭尽诚心。

(四) **品读诗句,感受诗人之"忧"**

1.人生短暂之"忧"。

对酒当歌,人生几何?譬如朝露,去日苦多。

慨当以慷,忧思难忘。何以解忧,唯有杜康。

——生命短暂,宇宙永恒。

品读下列诗歌,感受其中之"忧"日月忽其不淹兮,春与秋其代序。

惟草木之零落兮,恐美人之迟暮。——《离骚》

子在川上曰:"逝者如斯乎。"——《论语》

大江东去,浪淘尽,千古风流人物。——《水调歌头·赤壁怀古》

前不见古人,后不见来者。念天地之悠悠,独怆然而涕下。——《登幽州台歌》

无边落木萧萧下,不尽长江滚滚来。——《登高》

2.贤才难得之"忧"。

明明如月,何时可掇?忧从中来,不可断绝。

3.功业未就之"忧"。

月明星稀，乌鹊南飞。绕树三匝，何枝可依？

山不厌高，海不厌深。周公吐哺，天下归心。

（五）课堂小结：

诗人由人生短暂这一不可改变的事实而产生渴求贤才的忧思。由眼前的歌舞酒宴生发开来，却又抛开对空间场面的具体描绘，而转为对时间的悠长的思索，发出"人生几何"的感慨，由此而引发对贤才的渴慕之情。作者以貌似颓放的意态来表达及时进取的精神，正因为有了生命的短暂，所以才要更加珍惜，建功立业。很自然地也就有了下文的贤才难求和功业未就的忧思感慨。因此，诗人的"忧"看似消极，实则是积极的。

（六）布置作业：

谈谈曹操在本诗中流露的对人生的情感态度，谈谈对你的人生有什么启示。

《归园田居》

一、教材分析

本诗选自《陶渊明集》,《归园田居》共有5首诗,本诗是其中的第一首。收录在人教版普通高中语文教材必修2。诗人辞去彭泽县令,结束了时隐时仕、身不由己的生活,他以淳朴自然的语言、高远脱俗的意境,写出了田园生活的美好,表达了诗人对归隐生活的热爱。

二、教学目标

1.有感情的诵读并默写这首诗歌;
2.感悟诗人思想与情感,了解陶诗朴素自然的风格;
3.学习诗人本色、率真的人生态度。

三、教学重难点

1.诗人的思想与情感,陶诗的特色与风格;
2.作者传情达意的方法和技巧。

四、教学时数

1课时。

五、教学过程

(一)创设情境,导入新课

同学们,有这样一首诗:"种豆南山下,草盛豆苗稀。晨兴理荒秽,带月荷锄归。道狭草木长,夕露沾我衣。衣沾不足惜,但使愿无违。"这首诗的作者是谁?诗题是什么?其中,"但使愿无违"中的"愿"指的是什么?(归隐田居)。今天,我们来看看陶渊明的另一首《归园田居》,来了解他究竟为何而"归","归"后又是如何生活的。

（二）检查预习

1.作者：

陶渊明29岁（393）初次出仕，做江州祭酒，不久回家。新居五六年后又先后在桓玄、刘裕、刘敬宣幕下做僚佐，时间都不长。到了41岁那年，陶渊明在江西彭泽做县令，太守派一名督邮来彭泽督察，陶渊明因不愿为见督邮而穿官服束腰带等繁文缛节，他再也忍不下去了，长叹一声："我不能为五斗米向乡里小人折腰。"于是就有了一个"不为五斗米折腰"的故事。他从彭泽县令职位上退下来后，就再也没有出仕了。从此他就结束了时隐时仕的生活，终老田园。

2.积累词语：

适俗　韵　尘网　羁鸟　故渊　守拙　樊笼

（三）初读诗文，感知大意

生自读，指读，讨论交流。

明确：第一部分前8句，忆辞官前；

第二部分中间8句，写归园田；

第三部分后4句，再回眼前。

（四）再读诗文，把握情感

1."归园田居"这个标题的题眼是哪个字？它告诉了我们哪些信息呢？

明确："归"。（1）为何而归？（2）归向何处？（3）归去如何？

2.为何而归？

少无适俗韵，性本爱丘山。

误落尘网中，一去三十年。

羁鸟恋旧林，池鱼思故渊。

（1）"少无适俗韵，性本爱丘山。"作者天性使然。

（2）尘网、樊笼：喻官场生活。

追问：为什么要如此比喻，表达了诗人怎样的情感？

明确：对官场生活的厌恶、悔恨。一个"误"字显出作者是那么的悔恨和痛恨。

（3）"羁鸟、池鱼"：喻自己。间接表达诗人厌恶官场，思恋田园之情。

（4）"少无适俗韵"也许是陶渊明归隐的一个重要原因，但不是最关键的原因。请问：最关键的原因是什么？

明确："守拙"，即守住本心，不愿随世俗随波逐流。

3.归向何处？

明确：归向园田。

4.诗人笔下的田园景象有何特点？请找出描写田园景色的诗句加以分析。

　　方宅十余亩，草屋八九间。榆柳荫后檐，桃李罗堂前。

　　暧暧远人村，依依墟里烟。狗吠深巷中，鸡鸣桑树颠。

这些诗句，从不同角度为我们描绘了一幅淳朴自然的乡村生活图景。

"方宅十余亩，草屋八九间"，是说生活起居的空间大，行动比较自由。

"榆柳荫后檐，桃李罗堂前"，写出生活环境的优雅与幽静。

"暧暧远人村，依依墟里烟"写的是远景和近景，传神地勾画出田园风光的典雅与生动，如水墨画般令人神往！

"狗吠深巷中，鸡鸣桑树颠"，写的是近景和动景，且以动衬静，表现出乡居生活的自由与宁静！

总之，这些景物虽表现视角不同，特征各异，但其恬静幽雅、宁静和谐的特质都指向一个共同的主题：田园的清新与朴素，活泼与自由，正是诗人内心精神需要的一种外化与物化！

5.归去如何？

点拨：从诗中找出蕴涵作者"归去"情感的词语。

明确："户庭无尘杂，虚室有余闲。久在樊笼里，复得返自然。"

"无尘杂""有余闲"表现出诗人"归去"后生活的惬意；"返自然"则写出诗人身心的自由。摆脱官场的束缚，重回美好的园田，诗人找回了曾经失去的天性，实现了返璞归真的精神追求！字里行间，闲时与喜悦之情溢于言表。

（五）拓展探究

面对困境，屈原选择了投江，曹操却锐意进取。陶渊明选择了归隐，你如何看待他们的选择，你是否赞同陶渊明的归隐？

（六）布置作业

1.背诵并默写全诗。

2.陶渊明笔下田园风光充满了生活气息，请同学们根据诗人的写景顺序和手法来描绘田园生活这个场景。（不少于200字）

单元教学指导

　　我国古代游记散文大致上经历了五个阶段，即魏晋的诞生期、唐代的成熟期、宋代的高峰期、元明的复兴期和清代的衰变期；主要有赋、书、序、记等四种类型。山水游记一般不只是对自然风物的客观描绘，它往往包含着抒情和说理的成分；在记叙游览的同时，或表达物我两忘的喜悦，或抒发时不我待的忧思。或倾诉怀才不遇的愤懑。正所谓"登山则情满于山，观海则意溢于海"，在景物的描述中倾注了作者个人的情感和志趣。

　　阅读这类文章，不但要欣赏其中描绘的自然风光，还要联系作者的身世和作品的时代背景，品味作者抒发的感情和文章寄寓的旨趣。反复阅读这些优美的篇章，体会其中的节奏、语气和韵味，有助于养成良好的文言语感。而体验古人徜徉山水、感悟人生的情趣，也有助于培养我们对自然之美的感受能力。

　　《全日制普通高中语文课程标准》要求："在阅读鉴赏中，了解散文的基本特征及主要表达方式，能感受形象、品味语言，领悟作品的丰富内涵，体会其艺术表现力；能从整体上把握文本的内容，理清思路，概括要点，理解作品所表达的思想、观点和感情。"要达到这些要求，首先要对一些和古代游记散文有关的基础知识有一个较系统全面的认识和理解。因此，建议古代游记散文的教学目标为：

　　1. 了解什么是古代游记散文。

　　2. 了解古代游记散文的发展脉络。

　　3. 理解古代游记散文的特点和几种类型。

　　4. 理解古代游记散文的内容，体悟作者的思想感情。

　　5. 学习古代游记散文的写作技巧。

　　6. 提高对自然山水的认识，涵养情操，润泽心灵。

　　7. 提升对中国传统文化的认识，培养健康的审美观。

　　古代游记散文的教学策略可以概括为：

　　1. 引导学生掌握古代游记散文中的重点实词、虚词、句子的含义及其他文言知识，培养学生阅读文言文的基本能力。这是学习古代游记散文的基础和前提。高中生学习文言文，应该有意识地培养自己良好的学习习惯。能够流利诵读，经典名篇熟读成诵。要学会利用注释和工具书逐字逐句理解文章内容，注意在学习过程中联系以往的知识，用做卡片、做标注、做旁批等方法积累常见的文言词语和文言句式。

2. 引导学生把握古代游记散文的景、情、理，按"景美—情真—理趣"的思路教学。山水游记因体裁本身的特点，写景状物是必不可少的。但无论哪篇山水游记，都不是纯粹地停留在写景上。作家游览山川景物、名胜古迹，往往是有感而发，把自己的思想感情、审美趣味寄寓其中。所谓"言为心声"，"一切景语皆情语也"。写景与抒情在山水游记作品中是紧密联系、不可分割的。

3. 引导学生欣赏古代游记散文的语言特色。这其中包含准确到位的用词、变化多样的句式、不一而足的修辞手法、朗朗上口的音韵绝律。教学李白的《梦游天姥吟留别》，我让学生找出值得品味的句子，并从语言的角度分析句子的妙处。如作者在描写气势磅礴的天姥山时，用"天台一万八千丈，对此欲倒东南倾"，这样夸张的手法来体现天姥山的高大险峻。在描写奇幻的梦中仙境时，那奇特的想象：声势浩荡的"熊咆龙吟"，随后是整齐而令人惊叹的"虎鼓瑟""鸾回车"，最后是日月照耀着的"如麻仙人"。短短文字间，尽显了一个浪漫主义诗人的创作天赋。这样的才思，这样神气的山水游记散文，值得我们千百遍的吟诵回味。

4. 对于同类体裁与主题的文章，可对教材进行整合教学。在语文教学中，探索同类文的教学模式，化繁为简，充分发挥教材例子的作用，举一反三，这样不仅节省了时间，还可触类旁通。古代游记散文特点鲜明，内容集中，类型突出，所以非常适合开发成一些小专题进行教学。比如可分成：游记散文的内容类型研读专题、游记散文的思想感情研读专题、游记散文的写作特点研读专题、游记散文的语体特点研读专题等。

另外，依据游记散文的特点和个性，建议老师们引导学生阅读时，一定不要局限于一些局部材料，比如过分注重单篇教学，对一篇作品对某个细节作过多的纠缠，只注意到内容，忽视了思想，或者只注意到了思想，忽视了艺术特点，等等，要有整体观。引导学生研读作品时，一定要注意启发学生主动思考，主动探究，老师不能包讲包答，要让学生学得积极而快乐。只有这样，才能真正把学生带到古代游记散文的纵深地带。

《兰亭集序》

一、教材分析

《兰亭集序》选自《晋书·王羲之传》，收录在普通高中语文教材必修2。本文是一篇书序，记叙了东晋时期清谈家们的一次大聚会。文章不仅介绍了作诗缘由、作诗情形、成书经过和意义，而且由宴游谈到生死观，作者善于借题发挥，谈到了人生的意义。阅读时，我们要注意作者的情感由喜到悲的变化，认识作者深沉感叹中蕴含的积极情绪。

二、教学目标

1.了解兰亭宴集的起因、经过，认识作者感情由乐转悲的原因以及在深沉的感喟中蕴涵的对人生的眷恋和热爱之情。

2.了解本文景情相生、情理相融的特点。

3.背诵这篇课文。

三、教学重难点

1.理清课文线索，了解文章内容，把握作者的感情。

2.学习本文在写景方面的特点，积累词语。

3.启发学生联系时代背景，理解文中流露出的有关生死的人生态度。

四、教学时数

1课时。

五、教学过程

（一）创设情境，导入新课

中国书法史上，有位被誉为"书圣"的书法家，他的一幅代表作被后世书法家誉为"行书第一"。（投影呈现）

《兰亭序帖卷》摹本

这位书法家与他的作品叫什么？（学生回答）

投影：

兰亭集序　王羲之

（二）检查预习

1.积累词语：

癸丑　修禊　流觞　形骸　骋怀　会稽　彭殇

2.结合注释，解释下列加点词的意思：

①映带左右（四周）

②列坐其次（旁边）

③或取诸怀抱（之于的合音）

④悟言一室之内（"悟"通"晤"，面对面）

⑤放浪形骸之外（身体）

⑥趋舍万殊（趋：取向；舍：舍弃）

⑦感慨系之（附着）

⑧不能喻至于怀（明白）

⑨向之所欣（高兴）

⑩修短随化（自然）

⑪列叙时人（记录）

3.了解下列加点词的用法：

足以极视听之娱（形容词作动词：穷尽）

固知一生死为虚诞（数词作动词，把……看作一样），齐彭殇为妄作（形容同作动词，把……看做相等）

4.解题。

作者介绍：让学生先根据注解简介王羲之，教师补充。

诵读感知，整体把握。

教师朗读，要求：注意文章字音、节奏、语气。学生齐读。（教师订正）

（三）朗读课文，整体把握

1.朗读课文。

（1）朗读语调提示："永和九年……修禊事也"以中速读。下文有关集会的文句应以清新明快的语调读出，特别重读"乐"，以体现作者快乐的心境。

（2）朗读指导："固知／一／死生／为／荒诞，齐／彭殇／为／妄作。"读出节拍，读出批判语气，"后之视今，亦由今之视昔，悲夫"，缓缓吐出，重音为"悲"，以后的句子以和缓低沉的语调读出。

2.整体把握。

按照行文思路，文章可以分成几个部分？每部分能否用一个单音节形容词概括其感情？（可分小组讨论，教师点拨）

明确，投影：

第一部分：首叙宴集盛况——乐

第二部分：抒发人生感慨——痛

第三部分：交代作序目的——悲

3.完成课堂练习——概括式填空：

兰亭之会，其时可谓（良）矣，其景可谓（美）矣，其人可谓（贤）矣，其事可谓（雅）矣，其心可谓（乐）矣，今之视昔，其情可谓（痛）矣，后之视今，其感可谓（悲）矣。

（四）分组活动，赏析课文

将学生分成四个组，分别解读三段文章。事先设计好问题卡片，指定组长。每组自行研究五分钟时间，然后由组长上台汇报，其他同学可以补充。教师作适当点拨。

1.第一段（第一组）：

（1）全组学生齐读第一部分。

（2）本段按照怎样的顺序记叙兰亭盛会的？作者根据什么说这次盛会"信可乐也？"

明确，本段可分两层，投影：

第一层侧重叙述活动的情形

    时间：永和九年暮春之初

    地点：会稽山阴之兰亭

    事由：修禊

    人物：群贤毕至，少长咸集

    环境：此地有……，又有……

    活动：引以为流觞曲水……

    感受：信可乐也

第二层侧重写与会者感受

感受：信可乐也（游目骋怀、极视听之娱）

写法：写景抒情　叙议结合

（3）本段语言优美，凝练传神。那么，你最喜欢哪些句子？说说你的看法。

可能有下列句子：

① "崇山峻岭，茂林修竹"，"清流急湍，映带左右"。

——形象传神。寥寥16字，就写尽兰亭周围的景色，渲染了清幽的气氛，令人心旷神怡。

② "引以为流觞曲水，列坐其次，虽无丝竹管弦之盛，一觞一咏，亦足以畅叙幽情"。

——言辞朴素，却尽显会中所有重要细节，凸显与会人士的高雅情怀。

2.第二段（第二组）：

全组诵读本段。

（1）作者在本段议论的中心话题是什么？为什么人们在事后会"感慨系之"。（用文中句子回答）

"死生亦大矣"。

——一是因为"向之所遇，俯仰之间，已为陈迹"；二是因为"修短随化，终期于尽"。

（2）人们"痛""悲"感情产生的根本原因是什么？（用文中句子回答）

明确："老之将至"（若回答成"修短随化，终期于尽"亦可）。

全体学生尝试背诵第二段。

3.第三段（第三组）：

全组诵读本段。

（1）"固知一死生为虚诞，齐彭殇为妄作"表达了作者怎样的生死观？

明确：作者认为生就是生，死就是死，二者不可等量齐观。暗含有生之年应当做点实事，不宜空谈玄理，委婉批评了魏晋人士空谈玄理的虚妄。

（2）作者凭什么判断"后之览者，亦将有感于斯文"？

明确：由自己览昔人之文的感受类推"后之视今，亦由今之视昔"，虽"世殊事异，所以兴怀，其致一也"。

集体背诵本段。

4.了解本文作为序的特点（第四组）：

作为书序，本文与一般书序相比，有哪些异同？（可从文中找出有关句子予以简析）

同：介绍了作诗缘由（因修禊而"群贤毕至"）、作诗情形（一觞一咏畅叙幽情）、成书经过（"列坐其次，录其所述"）、本书意义（"后之览者，亦将有感于斯文"）。

异：由宴游谈到生死观，善于借题发挥，论及人生意义。

（五）迁移训练

本文抒发了深沉的人生感慨。请用"情随事迁，感慨系之"写一段话，表达你的某种感受。不少于100字。

师示例：时间如白驹过隙，童年生活仍历历如昨。可是时光已悄无声息流逝了几十年，当年光洁的额头，已被无情的岁月印上了深深的痕迹，当年懵懂不知世事的顽童，如今已经"桃李满天下"。夜阑人静之时，回首儿时往事，想起少年轻狂的誓言，不禁哑然失笑。情随事迁，真是令人感慨系之。时间，我可敬的魔术师，生命因你而丰富多彩！

（六）研究性作业（任选一题）

1.钱钟书先生评价《兰亭集序》说："识见不高""反杀风景"，认为王羲之"诋'一死生''齐彭殇'为虚妄，乃出于修神仙、求长寿之妄念虚想，以真贪痴而讥伪清净"。你同意这种看法吗？请结合时代背景和王羲之生平，作一点研究，写一篇不少于800字的文章，谈谈你的看法。

2.2000年，上海人陆幼青忍着癌痛的折磨和死亡的恐惧，写下了感人至深的《死亡日记》。请对照《兰亭集序》，谈谈你对人生的看法。不少于800字。

《赤壁赋》

一、教材分析

本文选自《经进东坡文集事略》卷一，收录在普通高中语文教材必修2。苏轼在被贬为黄州团练副使后，在1082年秋、冬时节，先后两次游览了黄州附近的赤壁，写下了两篇赋。本文是第一篇，又称"前赤壁赋"。本文主要抒写作者月夜泛舟赤壁的感受，从泛舟而游写到枕舟而卧，利用主客对话的形式，提出矛盾，解决矛盾，深微曲折地透露出作者的隐忧，同时也表现了他旷达的人生态度。

二、教学目标

1.了解作者苏轼，了解苏轼的人生感悟，倡导积极的人生态度。
2.体会本文诗情、画意、理趣完美融合的艺术特色。
3.探讨本文中的人生哲理，从中得到启发。

三、教学重难点

1.指导学生体味其用词的精练准确和生动形象，培养学生通过诵读体悟和鉴赏优美、形象的语言的能力。
2.体会本文诗情、画意、理趣的完美融合。

四、教学时数

2课时。

五、教学过程

▶ 第一课时

（一）创设情境，导入新课

林语堂说："一提到苏东坡，中国人总是亲切而温暖地会心一笑。"苏轼被贬为黄州团练副使后，心情郁愤，但他是个乐天派，以达观的胸怀寻求精神上的解脱。1082 年 7 月，他写下了这篇传颂千古的《赤壁赋》。今天，让我们一起去看看，处于人生低谷的苏轼是如何去面对人生不幸的。

（二）检查预习

1.作者简介：

苏轼（1037—1101），字子瞻，号东坡居士，四川眉山人。北宋著名政治家，文学家，诗人，画家，书法家。与父亲苏洵、弟弟苏辙并称"三苏"。

少年成名—步入仕途—潇洒东坡—东山再起

黄州的反省：

读书——收敛锋芒，稳健做人的正气；

交友——虚怀若谷，宽以待人的大气；

劳动——刚毅坚强，直面人生的勇气。

2.赋：

赋体出现于战国后期，到了汉代才形成确定的体制，这是赋的渊源。赋体的流变大致经历了骚赋、汉赋、骈赋、律赋、文赋各个阶段。

赋的特点：赋在艺术表现上注重铺陈、形容事物的外象和内理。在语言上使用新奇美丽的辞藻。另外赋也讲究声韵的美，它把散文的章法、句式与诗歌的韵律、节奏结合在一起。借助长短错落的句子，灵活多变的韵脚以及排比、对偶的调式，形成一种自由而又谨严、流动而又凝滞的文体，既适合散文式的铺陈事理，又能保存一定的诗意。

（三）初读课文，整体把握文章思路

1.学生齐读课文，注意字词的读音与朗读的节奏，整体把握文章思路。

全文五段，内容如下：

第一段，描写夜游赤壁的情景，展现了一个诗情画意的境界。

第二段，写作者饮酒放歌的欢乐和客人悲凉的箫声。

第三段，写客人感慨人生短促无常的悲观情绪。

第四段，写作者丢开个人的愁怀，欣赏大自然美妙风光和豁达开朗的心情。

第五段，写客人转悲为喜，主客开怀畅饮，兴尽入睡。

2.思考：在同游赤壁的过程中，苏轼与朋友的心情发生了怎样的变化？

全文五节的心情变化：

第一节——月夜泛舟的陶醉；

第二节——悲凉箫声的伤感；

第三节——人生失意的悲情；

第四节——随遇而安的态度；

第五节——忘情尘世的洒脱。

（四）再读课文，感悟情感

思考：作者的思想感情经历了怎样的变化？

感情的变化是：乐—悲—乐。

（五）布置作业

课后背诵课文。

▶ 第二课时

（一）总结上节课所学

（二）细读课文，感悟重点

1.思考：因何而乐？

①因景而乐；

清风徐来，水波不兴。月出于东山之上，徘徊于斗牛之间。白露横江，水光接天。

——此景只应天上有，人间能有几处生？

②因事而乐；

举酒属客，诵明月之诗，歌窈窕之章。纵一苇之所如，凌万顷之茫然。浩浩乎如冯虚御风，而不知其所止；飘飘乎如遗世独立，羽化而登仙。

——因境生情，歌咏诗章，超然物外，快然洒脱。

2.思考：因何而悲？

①因"美人"而悲；

扣舷而歌之。歌曰："桂棹兮兰桨，击空明兮溯流光。渺渺兮予怀，望美人兮天一方。"

——"美人"指所倾心的对象，代表一种理想的追求。美人与自己天各一方，表现了理想和追求远不可及，怎能不心生悲伤？

②因曹操而悲；

将自己与曹操比较：

方其破荆州，下江陵，顺流而东也，舳舻千里，旌旗蔽空，酾酒临江，横槊赋诗，固一世之雄也。而今安在哉？"

——自身渺小，功业未就，难逃历史的淹埋

③因长江明月而悲；

将自己与长江明月比较：

哀吾生之须臾，羡长江之无穷。挟飞仙以遨游，抱明月而长终。知不可乎骤得，托遗响于悲风。

——命运无常，人生短暂

3.思考：结尾又因何而乐？

因理而乐；

客喜而笑，洗盏更酌。肴核既尽，杯盘狼藉。相与枕藉乎舟中，不知东方之既白。

——听了苏子的一番道理，朋友心中豁然开朗，一扫胸中烦闷，真正做到超然物外。

（三）朗读课文，品析理趣

1.思考：苏子究竟说了什么道理使得"客喜而笑"？

逝者如斯，而未尝往也；盈虚者如彼，而卒莫消长也。盖将自其变者而观之，则天地曾不能以一瞬；自其不变者而观之，则物与我皆无尽也。而又何羡乎！

——针对"命运无常，人生短暂"而谈。"横看成岭侧成峰，远近高低各不同"，我们为什么非要从消极的一面来看待人和事呢？

且夫天地之间，物各有主，苟非吾之所有，虽一毫而莫取。惟江上之清风，与山间之明月，耳得之而为声，目遇之而成色，取之无禁，用之不竭，是造物者之无尽藏也，而吾与子之所共适。

——针对"自身渺小，功业未就"而谈。"达则兼济天下，穷则独善其身"，万事万物不必强求，不如寄情山水之间，珍惜身边所拥有的。

2.师总结：

借客来写自己人生的感悟，内心的矛盾。这样写，一则有助生发义理，是苏轼用老庄思想与厄运抗争的表现，体现了苏轼思想上的矛盾以及所选择的解决矛盾的方式。人的一生中，不可能没有打击，问题是面对打击的态度。二则行文显得奇崛多变，好似此与彼之间苏轼在相斗相和、自说自话，心中因被排挤、遭贬谪产生的郁结苦闷，就在这轻松的对答中得以消解。

客：体现了作为"儒者"的苏轼——人生短暂，生命渺小。（悲观）

主：体现了作为"释道"的苏轼——因缘自识，随遇而安。（达观）

（四）拓展延伸

1.苏轼这种听任自然、力求豁达的心境却让人有消极感，他是否有陶渊明归隐园田的心境？

讨论明确：他与陶渊明的心境还是有区别的，陶渊明是不肯为五斗米、一束带见乡里小儿，他是真正厌世。苏轼的思想从本质看是很矛盾的，在《念奴娇》中拿周瑜比，现在与曹操比，都是感叹人生短暂而不能像古代英雄那样有所作为。清人李扶九在《古文笔法百篇》中说："篇中所言，不过随时行乐，惟'美人'二字，则公真意所在。"

2.苏子听任自然的观点，在现代竞争激烈的社会是否可取？如何看待"苟非吾之所有，虽一毫而莫取""取之无禁，用之不竭"等。

（五）布置作业

1.背诵全文。

2.阅读康震、余秋雨、林语堂有关苏轼的著作。

3.阅读《后赤壁赋》。

《游褒禅山记》

一、教材分析

《游褒禅山记》选自《临川先生文集》，收录在普通高中语文教材必修2。记是古代一种文体，可说明、议论、描写、叙述，本文是游褒禅山后所记，它是一篇游记。它以议论为主，记叙与议论相结合，记叙简明，议论深刻。说明了学者治学应具有顽强不屈的探索精神和深思慎取、辩伪存真的严谨态度。

二、教学目标

1.积累文言基础知识，学习叙议结合的写法。
2.认识作者"尽吾志"的思想。
3.感受作者深刻的人生认知，培养积极地生活态度。

三、教学重难点

1.从游山这样的小事中悟出人生哲理，表现积极的人生态度。
2.掌握并运用因事明理、叙议结合的写作方法。

四、教学时数

2课时。

五、教学过程

▶ 第一课时

（一）创设情境，导入新课

在初中我们学过用文言文写作的游记，有《小石潭记》《醉翁亭记》等，这些游记共同的侧重点是什么呢？

那就是抓住景物的特点，浓墨重彩、精描细绘，表现山水之美。

我们今天学习王安石的《游褒禅山记》（板书）。这篇游记与我们学习过的那些游记不同，它不重在表现山水之美，而是在记游的基础上，用酣畅的笔墨进行大量的议论，记游实际上是个引子，说理才是全文的中心。学习这类游记有助于同学们提高思维的能力。为此我们共同来研究王安石的《游褒禅山记》。

（二）检查预习

1.学生自由朗读课文，注意字词读音。

2.作者简介：

王安石字介甫，宋朝临川（今江西省临川）人，封"荆国公"，人称"王荆公"，谥号"文"，又称"王文公"。

政治方面：他早年就广泛地接触社会，了解百姓的苦难生活，产生了"心哀此黔首"的感触。后主张政治变革，在宋神宗的支持下，不顾保守派的反对，积极推行新法。但最终保守派司马光执政，尽废新法，变法失败，王安石忧愤而死。他是个具有坚强毅力的改革家，尽管受到种种阻碍，也毫不动摇退缩。

文学方面：他是"唐宋八大家"之一，是北宋诗文革新运动的积极倡导者和参与者，主张"文章合用世"，"务为有补于世"。

（三）整体感知

1.学生阅读课文，对照注释阅读课文，疏通文义。

2.理清思路，把握结构。

提问：本文各段落写了什么内容？

点拨：第一部分（1—2）记叙，讲游山经过。

第二部分（3—4）议论，讲游山心得。

第三部分（5）记叙的结尾，补叙同游者的籍贯、姓名。

（四）掌握重点文言词句

学生分小组合作，翻译各段，解决各段的文言字词句，如有疑难，则请其他同学回答，或教师点拨。

1.课文第一段重点掌握词句。

（1）唐浮图慧褒始舍于其址。（舍，居住）

（2）故其后名之曰"褒禅"。（"名"，名词活用为动词，命名）

（3）距其院东五里。（"东"，名→状，往东）

（4）以其乃华山之阳名之也。（乃，表判断，为，是）

（5）"……者，……也"表示判断的两种形式：

①今所谓慧空禅院者，褒之庐冢也；（表示单纯的判断，"者"前是主语，"者"后是谓语）

②所谓华山洞者，以其乃华山之阳名之也……"华实"之"华"者，盖音谬也。（表示因果关系的复合判断"者"，在这里除了表示停顿语气外，还有提示原因的作用）

2.课文第二段重点掌握词句。

（1）有泉侧出；（侧，名→状，从旁边）

（2）问其深；（深，形→名，深度）

（3）则其好游者不能穷也；（穷，形→动，到尽头）

（4）其进愈难，而其见愈奇；（见，动→名，见到的景象）

（5）比好游者尚不能十一；（十一，十分之一）

（6）火尚足以明也；（明，形→动，照明）

3.课文第三段掌握下列词句。

（1）往往有得；（得，心得，收获，名词）

（2）古人之观于天地；（观，观察，动词）

（3）非常之观；（非常，不平常；观，景观，名词）

（4）常在于险远；（险远，形→名，危险遥远的地方）

（5）于人为可讥；（为，是，算得上，动词）

（6）其孰能讥之乎；（孰，难道，副词，表反问语气）

（7）不随以止也；（不随（之）以止也省略句）

（8）此余之所得也（判断句）。

4.课文第四段重点掌握词句。

（1）又以悲夫古书之不存；以，介词，（因为）

（2）后世之谬其传；（谬，弄错，使……错，使动用法）

（3）而莫能名者；（名，名→动，识其本名）

（4）何可胜道也哉；（胜，尽，完；道，说，动词）

（5）又以悲夫古书之不存；（省略句）

（6）此所以学者不可以不深思而慎取之也（判断句）。

（五）布置作业

1.诵读全文。

2.将文中出现的有"其"字的句子全部找出来，并归类整理。

▶ 第二课时

（一）齐读课文，检查练习

"其"的用法：

1. 唐浮图慧褒始舍于其址。

2. 以故其后名之曰"褒禅"。

3. 距其院东五里。

4. 以其乃华山之阳名之也。

5. 其文漫灭。

6. 独其为文犹可识，曰"花山"。

7. 其下平旷。

8. 问其深。

9. 则其好游者不能穷也。

10. 人之愈深，其进愈难。

11. 而其见愈奇。

12. 然视其左右。

13. 盖其又深。

14. 则其至又加少矣。

15. 既其出。

16. 则或咎其欲出者。

17. 而余亦悔其随之而不得极夫游之乐也。

18. 以其求思之深而无不在也。

19. 其孰能讥之乎。

20. 后世之谬其传而莫能名者。

师总结点拨："其"字在文中有二十处之多，大致可分为五种类型：

（1）指示代词，相当于"那""那个""那些"；

（2）人称代词，相当于"它"（他）；

（3）人称代词，表领属关系，作"它的"讲；

（4）人称代词，活用为第一人称相当于"我""我们""自己"；

（5）语气副词，表示反问语气，可译为"难道"；表估计时，译为大概、可能。

（二）练习背诵

如第一段行文顺序：本名、别名由来及证明—华山洞名来由—从仆碑看出本名—指出音谬；

先看行文顺序背诵，然后擦去板书再背诵。

（三）细读课文，感悟重点

围绕着作者"有所得"来探究全文。

1.（1）从哪里得到的？

（2）他得到了什么？

师生共同阅读课文，找出关键段落。

第1段：有碑仆道，其文漫灭，独其为文犹可识，曰"花山"。今言"华"如"华实"之"华"者，盖音谬也。

第2段：（前洞）其下平旷，记游者甚众；

（后洞）入之甚寒，盖其又深，则其至又加少矣；

（游洞）余亦悔其随之而不得极夫游之乐也。

第3段：于是余有叹焉。

夫夷以近，则游者众，险以远，则至者少。

故非有志者不能至也。

然力不足者，亦不能至也。

尽吾志也而不能至者，可以无悔矣，其孰能讥之乎？

第4段：余于仆碑，又以悲夫古书之不存，后世之谬其传而莫能名者，何可胜道也哉！

作者心得（板书呈现）：

志——意志、志向

力——个人的努力，先天条件

物——外在的客观环境，外力的帮助

（1）尽吾志也而不能至者，可以无悔矣——为吾志尽力。

（2）学者不可以不深思而慎取之也。

2.我们得到了什么？

作者由古人的"求思之深而无不在"才能"有所得"的事实，引起了深入的思考。在他看来，成功需要"志""力""物"三个条件，并且其中"尽吾志"起着决定性作用。就这一观点，谈谈你的看法？或结合实际，谈谈你的感受。

（四）再读课文，探究思考

1.本文的记叙部分和议论部分是怎样紧密联系的？

讨论明确：文章两部分之间使用了过渡句"而余亦悔其随之而不得极夫游之乐也"开启下文，第三段第一句"于是余有叹焉"，紧承上文，领起全段使文章前后衔接，过渡自然。

文字上前后呼应，意思贯通。正因为回家探亲途中游山探胜，却因轻信随从，半途而废，褒禅山最为奇妙之处未能一睹为快，作者悔之不已，感慨系之，从而悟出"志""力""物"三者之间的辩证关系；正因为游览中发现"有碑仆道"，"花""华"音讹，于是由此发出了"学者不可以不深思而慎取"的感慨。前后照应的句子体现了记叙正是为议论部分埋下伏笔，使议论有依据，议论部分是记叙的深化，是从具体事物中悟出来的含有哲理的感想。

作者把治学处世比做游山，抓住它们之间的共同点：都必须具有百折不挠的意志和深思慎取的态度，游览中总结出"世之奇伟、瑰怪、非常之观，常在于险远""非有志者不能至"的深刻道理，从而勉励自己和读者在治学、处事、创业的道路上坚定志向，最大限度地发挥主观能动性，去攀登风光无限的险峰。

2.本文由"不得极夫游之乐"生发出"尽吾志"的观点，又由"仆碑"生发出"深思慎取"的观点，这两个观点彼此有联系吗？

讨论明确："尽吾志"的观点——这正是"求思之深而无不在"的结果由此可见，"尽吾志"的观点跟"深思慎取"的观点是有联系的："尽吾志"的观点是在"深思慎取"的基础上产生的；有了这个观点，又能反过来促使人们"深思慎取"，二者是相辅相成的（"古人之观于天地……以其求思之深而无不在也"这句话，即可看出两个观点的联系）。

（五）课堂小结

王安石通过游褒禅山，"得"到了做事要"尽吾志"，治学要"深思慎取"。这让他在政治上和文学上都大有成就，成为"十一世纪中国的改革家"和"唐宋八大家"之一。

我们通过学《游褒禅山记》"得"到的不仅是写作的技巧，更多的是做事尽力、治学严谨的精神熏陶。我相信只要以此为准则，我们每一个人也会大有作为的。

（六）布置作业

思考叙议结合文章要注意的问题，并以你所看到的景或经历的事情为载体，先写景、叙事，然后由此生发某种感慨。写一段200字左右的文段。

单元教学指导

　　演讲，是传播知识、发表见解的重要途径，是沟通心灵、争取同盟的有力桥梁，在人们的社会活动中起着积极的作用。演讲辞作为演讲时的文稿，它是进行演讲的依据，是对演讲内容的规范和提示，它是演讲成功的基础和重要组成部分。它具有观点鲜明、逻辑性强的特点，同时还要运用多种艺术手法，鼓舞听众的情绪，唤起他们的共鸣。

　　学习这类文章，我们要引导学生关注其"针对性、可讲性、鼓动性"特点，要善于抓住文章的主旨，明确作者的主要观点，同时注意理清文章的结构，把握其深刻透彻的说理方法。另外，还要注意体会演讲辞的情感力量和多样化的表现手法、揣摩其中的感情、语气和表达技巧，达到学以致用的目的。

　　学习这类文章，我们要指导学生从以下几点入手：

　　1. 注重题目，把握中心论点，领会观点和材料的关系。

　　2. 理清脉络，明确结构层次，梳理文章思路。议论性演讲辞常见思路是提出问题、分析问题、解决问题。常见的论证结构是总分式、并列式、层进式和对照式。

　　3. 抓住特点，揣摩语言含义，了解作者写作意图。

　　4. 理解关键词语和关键句子的含义。

　　总之，演讲辞的教学要注重说、写结合，注重朗读和口语训练，要联系实际，创设氛围，让学生学以致用，学会在公开场合发表自己的见解。

中学语文感悟式教学法的探索与实践

《就任北京大学校长之演说》

一、教材分析

本文选自《蔡元培全集》第三卷，收录在人教版普通高中语文教材必修2。《就任北京大学校长之演说》是教育家蔡元培先生的就职演讲，先生上任之初对青年学子谆谆教诲，提出了三点要求和两点计划，目的是为北京大学树立新的校风、学风。教学的重点是从整体上把握演讲内容，要引导学生明确蔡元培先生演讲的中心意思，了解演讲辞的一般结构和写法，体会演讲辞中心突出、层次分明的特点。

二、教学目标

1.结合文章结构，了解演讲辞的特点。

2.抓住关键词语和句子，引导学生深入理解文章内涵，体会本文的思想文化意义。

3.理解蔡元培校长对北大学子的殷切期望，引导学生树立远大理想。

三、教学重难点

1.了解本文结构，感悟演讲辞的特点。

2.把握关键语句，深入理解文章的内涵，体会文章思想的文化意义。

四、教学时数

1课时。

五、教学过程

（一）创设情境，导入新课

提起北京大学这所无数学子梦寐以求的百年名校，我们的心中都会不由自主地生出仰慕与向往。可又有多少人知道办学之初的北京大学是怎样的呢？北京大学为什么能成为世界一流的大学呢？八十多年前，一位著名的教育家在北京大学的一番讲话——《就任北京大学校长之演说》，为我们提供了最好的答案。

（二）检查预习

1.积累词语：

肄业　弥谤　敷衍　贻误　砥砺　切磋　訾詈　会晤　商榷　裨益

2.作者介绍：

蔡元培（1868—1940），浙江绍兴人，现代教育家。字鹤卿，号孑民。1921年，法国里昂大学、美国纽约大学分别授予他文学、法学博士荣誉学位。1917至1928年任北京大学校长，他引进当时西方先进的教育制度与方法，整顿校风，改革教学，网罗人才，使北京大学面目焕然一新。

蔡先生的治学作风和为人品格是中华民族的无穷财富。他是我国著名的民主主义革命家、教育家和科学家，是现代中国知识界的卓越先驱，也是近代、现代历史上探索救国之路和振兴中华民族的先驱之一，为中华民族的进步和发展奋斗了40余年，为中国教育文化事业的发展作出了卓越的贡献

3.关于演讲辞：演讲又叫讲演或演说，是指在公众场合，以有声语言为主要手段，以体态语言为辅助手段，针对某个具体问题，鲜明、完整地发表自己的见解和主张，阐明事理或抒发情感，进行宣传鼓动的一种语言交际活动。

演讲辞即为准备演讲而写成的文稿。演讲辞一般是通俗易懂，尽量口语化；语言要精彩、生动，能吸引听众；要有针对性，要有情感，能打动听众；要思路清晰，观点鲜明，有思想内涵，能给人以启迪。

（三）整体感知

1.研读标题，感知大意。

本文是就职演说。想一想，刚刚就任的新官，会说什么呢？北京大学的校长，会说什么呢？

212　2.理清文章思路。

讨论明确：

第一部分（第1段），明目的。

第二部分（第2—4段），提三点希望：抱定宗旨、砥砺德行、敬爱师友。

第三部分（第5段），拟两点计划：改良讲义、添购书籍。

明确：全文围绕"如何做一个优秀的北大学子"展开，层次分明，脉

络清晰，给人一气呵成之感，体现了演讲词的逻辑。

（四）合作探究

1.蔡元培先生是针对当时怎样的社会现实提出以上三点要求的？（筛选出文中相关信息并概括当时时代特点）

提示：（1）外人每指摘本校之腐败……盖为将来毕业有人提携也。

（2）平时则放荡冶游，……岂非与求学初衷大相背驰乎？

（3）方今风俗日偷，道德沦丧，……鲜不为流俗所染。

北大现状和社会现实：做官心热，惟问官阶大小，平时放荡冶游，考试熟读讲义，潦草塞责，道德沦丧，败德毁行。

讨论明确：蔡校长的演讲可谓有的放矢，深知当时社会的污浊和北大的沉疴，有针对性地提出了三点要求，每一点都事关北大的前途和命运，体现演讲词的针对性。

2.在这种背景下，蔡元培先生要求学生应该怎么做？在文中找到具体语句。

重点筛选出下列句子齐读并体会深刻含义：

①诸君肄业于此，或三年，或四年，时间不为不多，苟能爱惜光阴，孜孜求学，则其造诣，容有底止。

②诸君肄业大学，当能束身自爱。必有卓绝之士，以身作则，力矫颓俗。诸君不惟思所以感己，更必有以励人。

③不惟开诚布公，更宜道义相勖，盖同处此校，毁誉共之，同学中苟道德有亏，行有不正，为社会所訾詈，己虽规行矩步，亦莫能辩，此所以必相互劝勉也。

模拟演讲这些句子。

3.教师小结：这些话是蔡元培对青年学子的恳切勉励，他认为大学是研究高深学问的地方，而不是做官发财的晋身阶，因此，学生在校应努力钻研学问，增长见识。青年学子要洁身自爱，以身作则，担当起改正社会流弊的作用。青年学子之间相互友爱、相互劝勉，在德行上共同进步。这些语句寄予了蔡元培对北大学生的深切厚望。

明确：演讲的最成功之处在于演讲者以他的热情之火点燃听众的情绪，体现演讲词的"感染性"这一特点。

从这篇演讲辞中可以看出蔡元培是怎样的一个人？

首先，蔡元培是一个爱国的有志之士。他清醒地看到了当时人人追求功名利禄、道德日益沦丧的社会现实，心中慨叹、忧愤，欲尽自己之力挽救日益颓靡的社会风气。

其次，蔡元培是一个满怀斗志的改良之士。当时，北大一些教师满身透着官僚习气，在学术上却无所成就。而少数学生只为混个资历以便将来谋个官位，根本无心读书做学问。蔡元培就任北大校长可谓是"受命于危难之际"，但他曾经表示："觉北京大学虽声名狼藉，然改良之策，亦未尝不可一试，故允为担任。"

最后，蔡元培是一个对教育有着科学的、深刻的认识的教育家。在本篇演讲辞中，他指出了大学的性质，即"大学者，研究高深学问者也"，告诫学生对待学业不能敷衍塞责，要"勤其学"；又指出要砥砺德行，还要敬爱师友。从中，我们可以窥见蔡元培科学、民主的教育观念以及对教育的意义和方法的独到认识。

（六）布置作业

设想自己当了班长，写一篇"就任班长之演说"的文稿。要求：观点明确，有演说稿特点，不少于400字。

中学语文感悟式教学法的探索与实践

《在马克思墓前的讲话》

一、教材分析

本文选自《马克思恩格斯选集》第三卷，收录在人教版普通高中语文教材必修 2。马克思于 1883 年 3 月 14 日逝世，3 月 17 日安葬于英国伦敦海格特公墓。本文是恩格斯在葬礼上发表的讲话。恩格斯深情地追述了马克思的一生以及他对全人类的伟大贡献，表达了自己和全世界无产者的沉痛悼念之情。

二、教学目标：

1.把握文章的结构，品味文章的语言；掌握悼词的一般写法。

2.品味本文语言的艺术魅力，揣摩字里行间真挚的感情。

3.了解马克思为历史科学，为无产阶级革命所作的巨大贡献；感受、学习马克思勇于创新、注重实践、科学求实、无私奉献等伟大精神。

三、教学重难点

1.教学重点是全文的结构层次，通过寻找承递性的词语和过渡句，掌握全文结构。

2.教学难点是品味本文语言魅力，揣摩字里行间蕴含的感情。

四、教学时数

1 课时。

五、教学过程

（一）创设情境，导入新课

在 21 世纪来临之际，英国著名的广播公司 BBC 举办了一次千年最伟大思想家评选活动，结果马克思位居爱因斯坦、牛顿、达尔文等巨人之前，被评为过去千年最伟大的思想家。为什么马克思会获得如此高的评价呢？因为他把全人类的幸福当作自己终生追求，他为了全人类的幸福解放甘愿牺牲自己的健康幸福甚至家庭，他在政治迫害、疾病、贫困的重重风雨中坚定不移追求理想。马克思死后，恩格斯发表了一篇后来闻名世界的悼词，今天我们学习这篇课文，向这世上最高尚的灵魂奉献我们的敬意。

（二）检查预习

1.给加点字注音：

悼词（dào）肤浅（fū）不可估量（liáng）纷繁芜杂（wú）

嫉恨（jí）诬蔑（wū）豁然开朗（huò）衷心喜悦（zhōng）

诽谤（fěi bàng）诅咒（zǔ zhòu）卓有成效（zhuó）

2.请学生解释成语：

繁芜丛杂　豁然开朗　浅尝辄止　坚韧不拔　卓有成效　永垂不朽

3.解题：

标题是文章的眼睛，为我们解读文本提供丰富的信息。我们一起来研读标题。"讲话"，提示这是一篇演讲词；"墓前"，又提示这是一篇悼词。悼词一般包括哪些内容呢？

表达对死者的哀悼、追述死者的生平和贡献、歌颂死者的品德。

从这里我们可以提炼出三个关键字——哀、功、德。

悼词的一般结构：开头——述其哀；主体——赞其功；结尾——颂其德。

我们今天的学习就扣紧这三个字：品语言，体会"哀；理思路，概括"功"；明主旨，感悟"德"。

（三）初读课文，整体感知

请同学们朗诵课文，按照"述其哀、赞其功、颂其德"三部分来划分结构。

在学生讨论的基础上，教师归纳。

第一部分：第1段，交代马克思逝世时的情况——述其哀；

第二部分：第2至第7段，评述马克思的伟大贡献和影响——赞其功；

第三部分：第8至9段，表达对马克思的悼念之情——颂其德。

（四）再读课文，探究思考

1.品语言，体会"哀"。

学习课文第一段。

学生自由朗读后，教师范读，将学生带入凝重肃穆的氛围中，让学生再朗读，揣摩字里行间的情感。

这一段没有直接表明哀痛悲伤的字眼，但是我们却分明感受到字里行间弥漫着浓浓的哀伤。你是从哪些词语感受到恩格斯的哀痛之情的？

讨论明确：两点三刻、最伟大的思想家、停止思想、还不到两分钟、安静地睡着了。

小结：简洁、朴实的文字中蕴含着丰富的信息，平静的叙述背后是恩格斯难以抑制的巨大的悲痛。

2.理思路，概括"功"。

（1）凭着对战友的深刻了解，恩格斯接下来高屋建瓴地总结了马克思奉献的一生、创造的一生。请大家默读文章主体部分，思考马克思有哪些伟大贡献。

自读、思考、回答、梳理，概括出马克思的各项贡献：历史规律（去伪存真）；剩余价值（豁然开朗）；其他发现；办报宣传；创立协会（自豪）。

马克思的贡献很多，其实可以分为两个大类，科学和革命。第二段是主体部分的总纲，"两个对于"提醒我们本文要从两个方面（科学家的马克思和革命家的马克思）介绍马克思的贡献。先总后分，层次清晰。

（2）恩格斯在这篇演讲辞中及时地树立有声语言标志，时时提醒我们注意马克思一项又一项的贡献。请找到这些提醒思路的标志性语言。

作者在每一段的开头都用了一些很明显的语言标志，如：

第3段：马克思发现了……

第4段：不仅如此，马克思还发现了……

第5段：该是很够了，但是……而且……

第6段：他作为科学家就是这样，但是这在他身上远不是主要的。

第7段：因为马克思首先是一个革命家。

大家来齐读这些句子，要特别关注加点的词语。

小结：正是这些句子一直在提醒我们注意马克思一项又一项的贡献。这是演讲辞的特点决定的。想要听众听得懂，听得全，就需要及时提醒并帮助听众理解思路。这样演讲辞才能有条理性、整体感。

3.明主旨，感受"德"。

（1）请一位同学朗读第八段，大家思考该段歌颂了马克思什么样的品格。

（2）诵读指导。强调需要重读的"最遭忌恨""最受污蔑""竞相""毫不在意""蛛丝""私敌"等词语。齐读。

（3）探究：第8段歌颂了伟人哪些品格？你是从哪些词语读出来的呢？找出你感受最深的一处，和大家交流。

（4）探究结尾。

一代伟人去了，但是他无与伦比的贡献，无私无畏的品格，永远令人高山仰止。和所有的悼词一样，在结尾部分，恩格斯将千言万语凝聚成一句话：他的英名和事业将永垂不朽！但是，又和所有的悼词不一样，他在"永垂不朽"前加了一个字：将。

讨论："将永垂不朽"中的"将"字，多余吗？

明确：不多余。当时，共产主义运动刚刚兴起，还只是星星之火。但是，星星之火可以燎原，马克思主义必将广为传播，共产主义运动必将风起云涌。将，是一种预见，更是一种必胜的信念，也是恩格斯和广大革命战友共勉的誓言！

今天，马克思主义已经成为全世界最崇高的信仰。新中国的缔造者毛泽东，就是一位伟大的马克思主义者。

（五）拓展延伸

请同学们集体朗读PPT。

掩卷深思。马克思何以成为一代伟人？贫穷疾病困扰，他不曾停步；驱逐，污蔑，诅咒，他不曾彷徨。是什么力量，支撑他穿越风雨，走向伟大？

（六）课堂小结

愿同学们能从伟人们的身上学到东西，做一个新世纪的真正成功者！

（七）布置作业

1.朗读课文，体会情感。

2.假设你来到了马克思的墓前，作为当代中国的一名中学生，你会想到什么？请以"在马克思墓前的思考"为题，写一篇随笔，不少于300字。

单元教学指导

　　小说，是一种文学体裁。它以塑造人物形象为中心，可以多方面刻画人物性格，描摹人物心理，完整地表现人物之间的矛盾冲突，还可以具体生动地再现人物生活环境。人物、情节、环境是传统小说的基本要素，现代小说则注重人物内心世界的剖析，有淡化情节的现象。

　　学习小说，要引导学生熟悉故事情节，明确结构特点。把握结构特点，就要关注小说故事中的矛盾冲突，因为它是形成故事情节的基础，也是推动情节发展的动力。学生在熟读本文的基础上，一要准确找出故事情节发展的主要线索，二要理清故事情节发展的不同阶段。

　　学习小说，要引导学生着重欣赏人物形象，品味小说语言。欣赏人物形象，要注意情节、环境与人物的关系，把握人物性格的多样性和丰富性。品味小说语言，要注意把握叙述语言和人物语言的不同特点，体会人物的身份和性格特征，体会不同作者的不同创作风格。

　　学习小说，还要引导学生体会环境描写，感受环境描写在交代背景、渲染气氛、烘托人物心理等方面的作用。

《林黛玉进贾府》

一、教材分析

《林黛玉进贾府》选自《红楼梦》第3回，题目是编者加的。本文收录在普通高中语文教材必修3。它通过一个从未到过贾府的林黛玉的所见所闻，对贾府这个封建大家族进行了介绍，展现了它的富贵奢华。本文环境描写细致真实，人物语言、动作描写形象生动。

二、教学目标

1.了解古典小说中常用的、古今义不同的一些词语的含义，初步了解《红楼梦》和曹雪芹。

2.了解贾宝玉、林黛玉、王熙凤的性格特点以及小说刻画这些人物所运用的外貌描写、语言描写等主要方法。

3.认识《红楼梦》的反封建意义和作者曹雪芹对当时社会黑暗现实的批判态度。

三、教学重难点

1.分析人物的性格特点，学习描写人物的方法。

2.准确把握人物的典型性格特征，认识《红楼梦》的反封建意义。

四、教学时数

3课时。

五、教学过程

▶ 第一课时

（一）创设情境，导入新课

播放电视连续剧《红楼梦》主题曲，导入新课。

（二）检查预习

1.请学生正字音、辨字形、释词义：

阜盛　轩峻　敕造　孱弱　纳罕　盥洗　嚣嚣　孽根

内帏　慵懒　潦倒　杜撰　东施效颦　敛声屏气

2.曹雪芹与《红楼梦》。

学生根据预习，介绍自己了解的《红楼梦》和作家曹雪芹。

明确：《红楼梦》是我国18世纪中期出现的一部古典小说，它有着高度的艺术性，在我国及世界文学发展史上占有重要地位。它是公认的"四大古典名著"之一。

作者曹雪芹，名沾，字梦阮，号雪芹，又号芹溪、芹圃。清代著名文学家，小说家。他的先祖为中原汉人，满洲正白旗包衣出身。他出身于一个"百年望族"的大官僚地主家庭，素性放达，兴趣爱好广泛，后因家庭的衰败而饱尝人世辛酸，却以坚韧不拔之毅力，历经多年艰辛创作出极具思想性、艺术性的伟大作品《红楼梦》。

曹雪芹写作《红楼梦》的具体年月已无从知晓，我们只能根据第一回中知道他"于悼红轩中披阅十载，增删五次"。现传世《红楼梦》120回本，曹雪芹写作前80回，后40回是高鹗续写的。

3.前五回的内容简介。

《红楼梦》的序幕由前五回构成，分别从各个不同的角度，为全书情节的开展作了必要的交代，它们之间既有联系，又各有侧重：

第一回，开篇。用"女娲补天""木石前盟"两个神话故事作楔子，为塑造贾宝玉和林黛玉的恋爱故事，染上一层浪漫主义色彩。

第二回，是交代贾府人物。通过"冷子兴演说荣国府"，简要地介绍了贾府中的人物关系，为读者阅读全书开列了一个简明"人物表"，贾府中上上下下的人物关系，大致可列表图示如下：

宁国府：

宁国公贾演——贾代化——堂舅父贾敬——堂表兄贾珍、四表妹贾惜春

荣国府：

荣国公贾源——外祖父贾代善、外祖母史太君（贾母）

大舅父贾赦、大舅母邢夫人——表兄贾琏、表嫂王熙凤

二表姐贾迎春

二舅父贾政、二舅母王夫人——表兄贾珠、表嫂李纨

大表姐贾元春

表兄贾宝玉

三表妹贾探春（赵姨娘所生）

母亲贾敏、父亲林如海——林黛玉

第三回，介绍小说的典型环境——通过林黛玉耳闻目睹对贾府做了第一次直接描写。林黛玉进府的行踪，是这一回介绍贾府人物，描写贾府环境的线索。

第四回，展现小说更广阔的社会背景，通过"葫芦僧判断葫芦案"介绍了贾、史、王、薛四大家族的关系，由薛蟠案件带出宝钗进贾府的情节。

第五回，全书总纲。通过贾宝玉梦游太虚幻境，利用画册、判词及歌曲的形式，隐喻含蓄地将《红楼梦》众多主要人物和次要人物的发展和结局交代出来。《红楼梦》只流传下80回，遗失了结尾，因此，对《红楼梦》中人物的命运，基本上是依据这些隐喻揣摩出来的。

（三）**速读课文，整体感知**

1.学生复述故事情节。

2.这篇课文以什么为线索展开故事情节？按情节发展，课文可分为几部分，每部分写些什么内容？

明确：课文以林黛玉进贾府的行踪为线索展开情节。

第一部分（第1段）：故事的开端，林黛玉来到了荣国府。

第二部分（2—11段）：故事情节的发展，通过林黛玉初进贾府的所见所闻，介绍贾府的环境和府中的众多人物。

第1层（2—4段）写林黛玉拜见贾母与王夫人、邢夫人等。

第2层（5—6段）写林黛玉见王熙凤。

第3层（7—11段）写林黛玉见贾赦、贾政，王夫人介绍贾宝玉。

第三部分（12—14段）故事的高潮，写林黛玉初次见到贾宝玉。

第四部分（15—16段），故事的结尾，写贾母为林黛玉安排住处。

（四）**布置作业**

朗读课文，运用圈点批注法，画出文中描写贾府典型环境的句子，说一说贾府是一个怎样的大家庭。

（一）概括上节课所学，导入新课

上节课我们一道探讨了小说的结构，通过林黛玉的行踪，理清了文章的结构层次。请同学们再回顾一下黛玉的行踪：

步步留心—进贾府大门—见贾母—王熙凤来了—去大舅父处—去见二舅父—路过王熙凤住处—在贾母后院正房吃饭—宝黛相会—暂置碧纱橱。

（二）细读课文，品读环境

小说第三回在全书中的主要作用是介绍环境，那么我们来了解一下贾府。请同学们细读课文，抓住环境描写进行品读。

课文交代，未进府之前，"林黛玉常听得母亲说过，他外祖母家与别家不同"。这"不同"就是通过林黛玉的一双慧眼一层层铺陈开来。

1.首先请大家想想，这贾府的硬件措施是怎样的？

（1）宏伟的外观。黛玉来到门前，看到了什么？处于繁华街市、阜盛人烟之中的贾府建筑，在黛玉的眼中，仅就外观，就突出地感觉到它"大"：门前蹲着两个大狮子；门是三间兽头大门；正门之上有一匾，匾上书写着五个大字。三个"大"字不但表现了贾府建筑的宏伟外观，而且也暗示了贾府显豁高贵的社会地位。

（2）讲究的布局。在贾母的正房大院，就设置了一个垂花门、两边抄手游廊和一个安放着大理石插屏的穿堂做掩映，既庄严肃穆，又表现出豪门贵族气派。就贾赦住处，虽不似贾母的正房那样，却也有仪门和厢庑游廊。至于"荣禧堂"的五间大正房，被仪门、耳房、穿堂、甬道簇拥着，更是轩昂壮丽。

（3）华贵的陈设。就"荣禧堂"而言，先以特写镜头详细介绍了堂屋中的匾额，无论是匾的质地花纹，匾上大字的规格，还是匾上的题字与印玺，都显示着主人的社会地位；室内陈设的大紫檀雕螭案、青绿古铜鼎、待漏随朝墨龙大画、楠木交椅、玻璃盒等，都说明了主人的富贵豪华。就是耳房内的陈设和器物也颇为华贵：靠背、引枕、条褥，都饰以龙蟒；小几、香盒、酒槲、茗碗乃至痰盒都各具特色。

2.林黛玉进贾府，她所感受的，还有贾府里处处透露着的一种逼人的神魄，贾府的"软件"又怎么样？

（1）非凡的服饰。如王熙凤的衣饰打扮"彩绣辉煌"，贾宝玉、王夫人等乃至仆妇下人，"包装"都是很"精良"。

（2）骄矜的气质。贾母、邢夫人、王夫人、李纨、三春等人，身上都有一种骄矜之气。

（3）等级森严。贾府有着一套繁文缛节，如用饭时，"李氏捧饭，熙凤安箸，王夫人进羹"，十分讲位次；丫鬟旁边执着拂尘，李纨、熙凤二人立于案旁"布让"，"寂然"吃饭，吃过了漱口洗手，之后吃茶一套仪节，均不得乱来，由此我们不难看出，贾府的富贵尊荣，不仅是物质的，还有礼教的；不仅写出了富贵尊荣，也写出了封建社会的等级森严。

（三）探究阅读，思维提升

课文注解说，本文的题目是编者所加的。请大家想一想，将这个题目改成"贾府迎黛玉"或"林黛玉住姥姥家"，可以吗？

讨论明确：不可以。"贾府迎黛玉"这个题目显得过于隆重，抬高了黛玉在小说中的地位，不像原来题目那样充分显示贾府的威严；"林黛玉住姥姥家"这个题目虽说通俗，贴近生活，给人一种亲切感；但是，贾府不是一般的姥姥家，而是一个声势赫赫的豪门贵族，因此这个题目将一个"一年三百六十日，风刀霜剑严相逼"的环境温暖化了，不好。

（四）品读课文，赏析人物出场描写

1.王熙凤出场方式是怎么样的？

讨论明确：未见其人，先闻其声。

2.宝玉的出场方式是怎样的？

讨论明确：寓褒于贬，欲扬先抑。

（五）课堂小结

《林黛玉进贾府》向我们第一次展现了贾府的环境，有着丰富的文化内涵。透过院落建筑的"硬件"和服饰仪节的"软件"，我们清楚地认识到了贾府的特点。像贾母在贾府至高无上一样，贾府透示给黛玉的是骨子里的至尊至贵，它是封建大家庭的一个样板，是封建上层统治者的生活写照。

（六）布置作业

完成课后练习第二题、第三题。

中学语文感悟式教学法的探索与实践

▶ 第三课时

（一）导入新课

本文是围绕黛玉进贾府这个中心事件，通过黛玉的见闻展开描写的。作者安排人物出场与环境描写交错进行，详略得当。其中，详写的人物有王熙凤、贾宝玉、林黛玉，略写的人物有贾母、邢夫人、王夫人、李纨和贾氏三姐妹。

（二）品读课文，分析人物形象

1. 林黛玉：

（1）课文中哪一句话最能说明黛玉的性格特征？

讨论明确："今至其家因此步步留心，时时在意，不肯轻易多说一句话，多行一步路，唯恐被人耻笑了他去。"

（2）黛玉进贾府，为什么要"步步留心，时时在意，不肯轻易多说一句话，多行一步路"？

讨论明确：林黛玉母亲去世后"上无亲母教养，下无姊妹兄弟扶持，在外祖母一再致意下，才去都中投奔外家，依傍外祖母及舅氏姐妹"。过去在家"常听得母亲说过，他外祖母家与别家不同他近日所见的这几个三等仆妇，吃穿用度，已是不凡了"，何况尽管外祖母"心肝儿肉"地疼她，宝贝儿似的待她，但总有寄人篱下之感，待人处事始终是"步步留心，时时在意"。

还有，在邢夫人处，邢夫人"苦留"她吃晚饭，她婉言谢绝了："舅母爱惜赐饭，原不应辞，只是还要过去拜见二舅舅，恐领了赐去不恭……"一席话既表明了她对邢夫人的尊敬与感激，又表明了自己顾全大局的礼节，说明她待人接物是处处留心的。

在王夫人房中，王夫人坐在西边下首，见黛玉来了，便往东让，而黛玉料定那是贾政之位，绝不肯坐，便向挨炕的椅上坐了。可见，黛玉连坐在哪里，都非常细心，绝不轻易从事。

在贾母房中吃饭时，更是如此，贾母正面榻上独坐，两边四张空椅，当王熙凤拉黛玉入座时，黛玉也十分推让了一番，直到贾母作了解释后，方才告了座，坐了。

黛玉的留心与在意，还表现在随时改正一些不适宜的对答上，比如当贾母问黛玉念何书时，黛玉照实回答："只刚念了《四书》"但当黛玉"又问姊妹们读何书"时，贾母却说："读的是什么书，不过是认得两个字，不是睁眼的瞎子罢了!"黛玉听得贾母这样说，觉得自己刚才失了口，所以当宝玉问她读什么书时，黛玉便改口道："不曾读，只上了一年学，些须认得几个字"。

黛玉这种"步步留心，时时在意"的谨慎态度，是她寄人篱下感情的反映，也是节选中性格主要的一面。

（3）有两段关于外貌、神情和风韵的描写：一是众人见黛玉时对她的年龄、举止言谈、身体面庞和风流态度的描写；二是宝玉见黛玉时，对黛玉的外貌、神韵的描写。

小结：通过这些描写，我们可以看出林黛玉多疑、自尊自重、谨言慎行的心理特点。她美貌多情、体弱多病，她有教养、知书达理，她心态复杂、为人处处小心谨慎。她的这种心理行为，是她孤单的身世和寄人篱下的处境造成的。

2.王熙凤：

王熙凤是个怎么样的人？课文是从哪几个方面刻画王熙凤的性格特点的？

讨论明确：王熙凤是一个精明能干，惯于玩弄权术的人。她为人刁钻狡黠，明是一盆火，暗是一把刀。由于对上善于阿谀奉承，她博得了贾母欢心，从而独揽了贾府的大权，成为贾府的实际统治者。

选文部分以四个层次展示王熙凤的性格特征：

（1）写出场；

这是《红楼梦》中极其精彩的一笔，未见其人，先闻其声"我来迟了，不曾迎接远客"，然后才见"一群媳妇丫环围拥一个人从后房门进来"，，难怪黛玉纳罕，觉得与那些个"敛声屏气，恭肃严整"的人们相比，实在是"放诞无礼"，正说明她在贾府的特殊身份和地位，通过贾母介绍，更证明了这一点："他是我们这里有名的一个泼皮破落户儿""你管叫他'凤辣子'就是了""老祖宗"能够用这样戏谑的语言与之谈笑的人实在不多，除了说明她性格泼辣之外，更说明她是深得贾母宠爱的特殊人物。

（2）绘肖像；

特别的服饰，集珍宝珠玉于一身——暗示了她的贪婪与俗气（内心世界的空虚)。

特别的容貌,"三角眼""吊梢眉""粉面""丹唇",表现了她美丽外表下隐藏了刁钻狡黠的本性。

小结:外貌描写不但具体细腻刻画人物外部特征,而且透露出人物性格特征和精神世界。

(3)见黛玉;

通过她的言谈举止表现她的感情的变化,反映她的内心世界。

先是恭维(因为黛玉是贾母最疼爱的外孙女儿,不惜恭维到了令人肉麻的地步)"天下真有这样标致的人物,我今儿才算见了!"

继而拭泪(提到黛玉母亲,想到贾母定会为女儿去世而掉泪,抢先"以巾拭泪")。

转悲为喜。(因为她见贾母笑了,便匆忙完成这个感情的转变)

小结:入木三分,描绘了王熙凤的"察言观色,机变逢迎"——得宠原因。

(4)回王夫人;

一笔带过,进一步说明由于她的察言观色,机变逢迎,已取得王夫人欢心,成为贾府中的实际掌权人。

3.贾宝玉:

贾宝玉是封建贵族的叛逆者,具有反抗封建束缚、要求自由平等的思想,他蔑视世俗、卓然独立的种种表现,反映了他对封建礼教和封建道德的反抗。

文中有三个描写重点:

(1)出场前;

侧面介绍一般人对宝玉看法和他在贾府中的地位(贬斥态度)。

王夫人:"孽根祸胎""混世魔王""一时甜言蜜语,一时有天无日,一时又疯疯傻傻"。

黛玉:(听母亲说)"衔玉所生"的表哥"顽劣异常,极恶读书,最喜在内帏厮混"。

小结:这些贬斥说明贾宝玉所作所为与封建正统观念相抵触,与世俗常情格格不入,他是封建社会的"叛逆",但由于他是贾府核心人物王夫人唯一的儿子,自幼受"老太太疼爱",所以在贾府居于"无人敢管"的特殊地位。

（2）肖像描写；

反映黛玉的客观观察：一个眉清目秀、英俊多情的年轻公子，非常眼熟，产生亲热感。使用了比喻、排比、对偶等修辞手法，句式整齐，音韵和谐。

（3）两首《西江月》，怎样理解这两首《西江月》？

①词中所展示的人物思想性格和形象。

思想性格：生活"潦倒不通世务"，却钟情于女孩子，说"女儿是水做的骨肉""我见了女儿便清爽"；"行为偏僻"，常常"有天无日"地批驳不合理的现象，讽刺那些热衷功名的人是"沽名钓誉之徒""国贼禄鬼之流"，反对"男尊女卑"的封建道德观念，嘲笑道学所鼓吹的"文死谏，武死战"的所谓"大丈夫名节"是"胡闹"，是"沽名钓誉"，"怕读"被封建统治者奉为经典的、具有莫大权威的《四书》之类的"文章"，却对《西厢记》《牡丹亭》之类理学先生最反对的书视如珍宝，这些都与传统道德背道而驰，可见"顽劣""乖张"——叛逆是其主要性格特征。

宝玉形象：他"天下无能第一，古今不肖无双"，不是封建时代的忠臣孝子，而是"于国于家无望"的逆子贰臣。

作者对宝玉的态度似贬实褒，寓褒于贬，正文反作，赞颂宝玉。

②两首词作用。

其一，作者假托封建卫道者的口吻，对宝玉的似嘲实赞，巧妙地歌颂了宝玉反封建的叛逆性格，暗示了小说为宝玉安排的悲剧结局。

其二，作者用"说反话"的手法，赞赏宝玉对封建主义采取的玩世不恭的态度，歌颂他不向世俗屈服、勇于反抗的精神。他的"愁"和"恨"，正是要求摆脱"世务""文章"而不可得的苦闷心情的表现；他的"傻""狂"，是专制压迫和禁锢的结果，是他在痛苦中寻求新的生活和理想，而又找不到出路，陷于失望和迷惘的一种精神状态。

（三）课堂小结

1.以中心事件为描写线索。

本文围绕黛玉进贾府这一中心事件，通过黛玉的见闻来描写。黛玉进贾府，按照封建贵族家庭的礼规，必定要去拜望自己的长辈，同辈姊妹也都要见面，作者选择这个机会使作品中的主要人物出场亮相，是行文的必需，也是事理的必然。

2.人物出场，先后适宜，详略得当，虚实兼用。

对王熙凤、贾宝玉等主要人物详写，对贾母、邢夫人、王夫人、李纨和贾氏三姊妹则略写；对贾母、王熙凤等出场人物是实写，而对贾政、贾赦等未出场的人物则属于虚写；对贾宝玉、王熙凤等是单独写，而对邢夫人、王夫人、李纨、迎春、惜春等只作集体介绍。这样描写不但笔法变化多姿，而且在众多人物中可使描写重点突出。

3.人物描写与环境描写交叉进行，配合自然，相得益彰。

例如：宝黛初会。

宝黛初会便都感到似曾相识、息息相通。黛玉一见到宝玉就感到："好生奇怪，倒像在那里见过一般，何等眼熟到如此？"宝玉看了黛玉也觉得"这个妹妹我曾见过的""虽然未曾见过他，然我看着面善，心里就算是旧相识"。两人初会就产生了一种互相熟识的心灵感应。作者这样写，一方面是来自第一回神瑛侍者和绛珠仙草的故事，给两人的关系蒙上一层浪漫主义色彩；而另一方面——更重要的是要通过这初会时的心灵感应，表现两人感情上的默契，为后来两人爱情的发展张本。

在初会时，宝黛表现是不一样的。黛玉见宝玉是一"惊"，而宝玉见黛玉是一"笑"。这不同的表现，来源于他们不同的地位所产生的不同心理。黛玉是听惯了别人对宝玉的评论：惫懒、懵懂、顽劣……可是今日一见并非如此，自然"便吃一大惊"；再说黛玉初到贾府步步都要留心，所以虽然一"惊"，但只是"心下想"，不敢轻易说出口来。而宝玉则不同，在贾府中他是娇纵惯了的，所以直言不讳，即使贾母说他"又是胡说"，他毫不在乎，仍然说下去。

（四）布置作业

课外选读《红楼梦》部分章节，或者阅读《红楼梦》全书。

《宝玉挨打》

一、教材分析

《宝玉挨打》节选自《红楼梦》第33回，收录在粤教版普通高中语文教材必修4。原回目名称"手足耽耽小动唇舌，不肖种种大承笞挞"。它是小说上半部的一大高潮，写出了宝玉和整个封建势力的矛盾日益尖锐化，凸显出了各种人物关系和人物性格，其高超的情节设计技巧，精妙的人物关系安排，丰满的人物形象塑造是这篇文章永远熠熠生辉的地方。

二、教学目标

1.根据要求迅速筛选、提取信息，把握文章所揭示的矛盾冲突。
2.学习鉴赏人物性格特征的方法。
3.语言训练：通过拟写对联，概括人物心态，体味课文表达的精妙之处。

三、教学重难点

1.品味文章情节安排的技巧。
2.分析主要人物性格。

四、教学时数

1课时。

五、教学步骤

（一）创设情境　导入新课

我们已经在《林黛玉进贾府》一课中领略了他在人物塑造方面的高超之处，今天让我们共同学习一下《红楼梦》上半部的高潮——《宝玉挨打》，看看集众宠于一身的宝玉为什么挨打？谁打了他？众人的反应如何？

（二）检查预习

（1）下列加点词语读音全都相同的一项是：（C）

A、执拗、违拗 / 动弹不得、弹压

B、数落、数见不鲜 / 遭殃横死、横财

C、相与甚厚、与其 / 猜度、忖度

D、勒死、勒索 / 恣心纵欲、血渍

（2）下列词语没有别字的一组是：（B）

A、五内摧伤　身亡命陨　擅造谭府　疏懒

B、慷慨挥洒　谨慎老诚　有心调唆　挑唆

C、轼君杀父　冠带家私　克夺之权　孽障

D、嚎啕大哭　暴殄轻生　堂皇正大　栉沐

（3）下列对课文的分析，不完全准确的一项是（A）

A、贾母、王夫人、宝钗、黛玉都认为宝玉不该管教。

B、宝玉尽管挨了一顿毒打，仍然不改初衷。

C、宝玉挨打以贾政失败而告终，为宝玉个性张扬赢得了更大的空间。

D、《宝玉挨打》既表现了封建正统观念与叛逆者的冲突，也表现了家族内嫡庶之间的矛盾冲突。

（4）复述故事情节，注意几个问题：

宝玉挨打前有什么神情变化？

贾政打宝玉前有什么神情变化？

归纳引发宝玉挨打的事件。

（三）速读课文，整体感知

1.根据课文说说第33回回目的意思。

"手足眈眈小动唇舌，不肖种种大承笞挞"

关键词：手足，兄弟；不孝，不成器，没出息；笞挞，责打

明确：宝玉挨打是因为贾环说的坏话，因为宝玉有种种"不孝的"行为。

2.梳理情节结构。

第一部分（1～4）写宝玉挨打的原因。

第二部分（5～8）写宝玉挨打。

第三部分（9～11）写众人对宝玉挨打的态度。

（四）细读课文，讨论思考

宝玉做了哪些"种种""不肖"之事，招致他挨打的根本原因是什么？

表面原因：（1）雨村来访、待客不周；

（2）游荡优伶、表赠私物；

（3）金钏跳井、贾环进谗；

根本原因：背离封建礼教，鄙弃仕途经济。

（五）赏析人物形象

1.贾政：迂腐、方正、正统、庸碌、可怜。

（1）为人父：

面色多变、狠下毒手、多次流泪——光宗耀祖、恨铁不成钢。

（2）为人夫：

冷笑、泪如雨下、泪珠更似滚瓜一般——夫妻之情的真切流露。

（3）为人子：

躬身赔笑、跪下含泪、叩头哭道、苦苦叩求认罪——孝道的尴尬、无奈。

2.宝玉：性情温顺、体贴少女、矢志不移、思想叛逆。

挨打前：

对见雨村磨磨蹭蹭、葳葳蕤蕤——厌恶仕途经济、讨厌禄蠹。

对金钏自尽五内摧伤、恨不得此时也身亡命殒——善良、纯洁、富于同情心。

挨打时：挨打时全不号哭求告——倔强任性。

挨打后：心中大畅、就便为这些人死了也是情愿的——痴情不改。

3.根据课文和提供的上联对出下联，以概括宝玉挨打后众人情感态度。（李纨、凤姐、宝钗、黛玉、袭人等任选其一）

上联：宝玉挨打，尽显众人心态

下联：薛钗送药，初露心底柔情

贾环进谗，此时幸灾乐祸

潇湘探视，足证知己衷肠

袭人无奈，满腹委屈悲伤

钗黛探望，各现心曲隐情

凤姐干练，仍是精明本色

李纨睹景，未免触目伤情

讨论归纳：怎样分析人物性格特征（鉴赏人物形象）。

（1）通过人物的语言、行动、心理活动分析；

（2）联系其身份、地位及所处环境分析；

（3）通过人物与他人的关系、扮演的不同角色分析。

（六）品味语言

品味下列句子，评点其表现了人物怎样的心态，取得了怎样的表达效果。

①只见宝钗手里托着一丸药走进来……就好了。

——郑重端庄、冠冕堂皇

②刚说了半句又忙咽住，自悔说的话急了，不觉就红了脸，……低下头只管弄衣带，那一种娇羞怯怯，非可以形容得出……

——柔情初露、深情款款；形神兼备、欲说还休

③恍恍惚惚听得有人悲泣之声……却是林黛玉……只见两个眼睛肿的桃儿一般，满面泪光

——哭泣时间之长，伤心之重

④此时林黛玉虽不是嚎啕大哭，然越是这等无声之言辞，气噎喉堵，更觉得厉害。听了宝玉这番话，心中虽然有万句言词，只是不能说得，半日，方抽抽噎噎的说道：“你可都改了罢！”

——沉痛、体贴、惊恐、无奈；意味深长，刻骨铭心

启示：选取最富内涵的神态、细节，用简练传神的笔墨活现。

（七）学法小结

小说鉴赏的一般方法：

1.理清思路，整体把握情节结构，领悟作者思想感情。

2.借助外貌、语言、行动、心理描写，分析人物性格特征，鉴赏人物形象。

3.品味语言，感受作者的艺术匠心，获得艺术享受。

4.读出自己；大胆质疑，有所发现。

（八）布置作业

按照当今的观点，你认为宝玉那种种“不肖”行为该不该打？请结合课文和自己同龄人的实际，写一篇文章谈谈自己的感受。要求言之有理，言之有据。

233

《鲁提辖拳打镇关西》

一、教材分析

本文节选自《水浒传》第三回"史大郎夜走华阴县，鲁提辖拳打镇关西"，收录在语文版中学语文教材八年级上册。小说以鲁达的行程为线索，"问—救—打—走"，构成了完整的情节结构，故事发展波澜起伏，引人入胜。鲁达除暴安良，三拳打死镇关西，表现了伸张正义、惩恶扬善的侠义精神。

二、教学目标

1.学习小说通过人物言行表现人物性格的写法。

2.品味小说精彩的描写片段。

3.引导学生弘扬中华民族扶困济危、见义勇为、乐于助人等优良传统和道德品质。增强学生的社会责任感。

三、教学重难点

1.了解小说中描写人物的写法，学会鉴赏小说。

2.品味小说精彩语言。

四、教学时数

2课时。

五、教学过程

▶ 第一课时

（一）创设情境，导入新课

多媒体播放《好汉歌》，引导学生体会歌中所表达的思想感情和豪迈风格。

（二）检查预习

1.读准字音：

提辖（xiá）　　聒噪（guō）　　赊账（shē）　　腌臜（zā）

搠开（zhā）　　臊子（sào）　　眼棱（léng）　　迸出（bèng）

实膘（biāo）　　懦弱（nuò）　　卖契（qì）　　拭泪（shì）

碟儿（dié）　　磬（qīng）　　钹（bó）　　铙（náo）　　绽（zhàn）

2.作者介绍。

（1）施耐庵：元末明初的小说家，兴化白驹场人（今属江苏）。他根据民间流传宋江起义的故事，写成长篇小说《水浒传》。

（2）介绍课文以前的内容：

本文节选自《水浒传》第三回"史大郎夜走华阴县，鲁提辖拳打镇关西"：九纹龙史进为了救少华山的朱武、陈达、杨春三个头领，中秋之夜大闹史家村，从华阴县出走，在延安府寻找师傅王进，在渭州的茶坊里遇见鲁达，后又在路上遇见他的启蒙武师李忠，于是三人一起来到潘家酒店，鲁达听得隔壁传来哭声，原来是金翠莲被郑屠欺压侮辱，金氏父女走投无路。鲁达顿时火冒三丈，起身上前就要去打死郑屠，后被史进等人劝住才作罢。他同情父女俩的遭遇，拿出仅有的五两银子送与他们做投奔亲戚的路费，随后又痛打拦截金氏父女的店小二。待金家父女走后，他马上来到郑屠的肉铺，"拳打镇关西"的故事从此开始……

（三）**速读课文，整体感知**

1.说梗概，初步感知课文内容。

课前布置阅读，写梗概，课上交流，学生评议。

2.梳情节，感知课文主要内容。

这篇小说随着时间的推进、地点的转换，故事情节不断发展变化。小说的情节可分为开端、发展、高潮、结局。在这篇文章中是怎样体现的？

提示：（课文较长，学生一时难以把握，教师可降低难度，适当引导学生弄清文章结构。）在这篇文章中依次表现为：问、救、打、走。

（1）请依次找出各部分发生的地点：潘家酒楼上—鲁家客店里—郑屠肉铺前—南门。

（2）依次给课文分段。

（3）扩展"问、救、打、走"四字，概括四个部分的意思。

讨论明确结构层次：

开端（1—7）潘家酒楼上，倾听金老父女控诉。

发展（8—9）鲁家客店里，保护金老父女逃出虎口。

高潮（10—20）郑屠肉铺前，三拳打死镇关西。

结局（21）鲁达奔出南门，亡命出走。

（四）细读课文，赏析形象

1.鲁达有哪些性格特征？

提示：鲁达性格特征可用"义""粗""细"来概况。"义"是鲁达的灵魂，他的一切行动无不出于一个"义"字。"粗"和"细"的统一，是鲁达的性格特色。

2.说一说他的"义"。

（1）模拟宋江为鲁达颁发奖状。请学生想几个有"义"字的四字短语，供宋江选择。

```
┌─────────────────────────────────┐
│            奖  状                │
│  花和尚鲁智深荣获_____的英雄称号，│
│  特发此状,以资鼓励。             │
│                      水泊梁山    │
│                        年月日    │
└─────────────────────────────────┘
```

（2）想一想这些词语用在鲁达身上是否合适？为什么？哪些地方表现了鲁达的这些性格特征。

3.找一找他的"粗"。

4.谈一谈他的"细"。

总结写作手法：课文通过描写人物的语言、行动表现人物性格特征。

（五）拓展迁移

今天，当你看到不平事的时候，能否像鲁达那样惩处恶人呢？我们应该怎样做？

讨论明确：不能。要依法办事。在社会主义法制不断完善的今天，真正的侠义应该是用人间的温情与法律的正义来代替无端的杀戮！

（六）布置作业

1.熟读课文10—20段。

2.给家里人讲述"鲁提辖拳打镇关西"的故事。

▶ 第二课时

（一）总结上节课所学，导入新课

上节课整体感知了小说故事情节，在故事发展中体会了鲁达粗中有细的侠义性格。本节课我们要通过合作探究的方式，欣赏精彩的细节描写段落，品味中国传统小说中精彩的语言。

（二）细读课文，重点赏析"三激郑屠"和"三打郑屠"

1.三激郑屠。

分组朗读课文，体会正、侧面描写。

（1）分析"三激郑屠"。（从鲁提辖的要求、郑屠的反应来分析）

一激郑屠：

　　　　鲁达的要求：_____，

　　　　郑屠的反应：_____

二激郑屠：

　　　　鲁达的要求：_____，

　　　　郑屠的反应：_____

三激郑屠：

　　　　鲁达的要求：_____，

　　　　郑屠的反应：_____

问题：鲁提辖为什么要三次"消遣郑屠"？表现了鲁达什么的性格？

讨论明确：为了激怒郑屠，使其主动动手，为"打"找正当借口；乱对方方寸，更容易被打倒；反映了鲁达粗中有细、有勇有谋的性格。

（2）分析店小二的三次反应。

问题：写店小二的三次反应有什么作用？这叫什么写法？

讨论明确：反衬鲁达气豪胆壮，显示其力量的强大；侧面烘托的写法。

2.赏析三打郑屠。

指名朗读，齐读。

通过下表分析"三拳痛打郑屠"。（从打前的语言、打的位置、打的结果、描写角度、比喻等方面来分析）

	语言	部位	结果	比喻	描写角度
第一拳	强骗了金翠莲	鼻子	鲜血迸流 鼻子歪在一边	油酱铺	味觉
第二拳	直娘贼,还敢应口	眼眶际眉梢	眼眶缝裂乌珠迸出	彩帛铺	视觉
第三拳	你如何叫俺讨饶,洒家却不饶你	太阳穴	只有出得气没了入得气	全堂水陆道场	听觉

（三）小组合作，讨论交流

本文利用哪些描写方法来使人物形象更具体，更富有个性化？

讨论明确：

1.语言描写：（暴躁鲁莽）：

"问什么！但又，只顾卖来，一发算钱还你！这厮，只顾来聒噪！"

2.动作描写：（脾气暴躁，同情弱小，好打抱不平，粗中有细）

听隔壁有人啼哭，便"把碟儿盏儿都丢在楼板上"；

为了确保金家父女脱险，他痛打阻拦的店小二后，便"向店里掇条凳子，坐了两个时辰"。

3.心理描写：（粗中有细，疾恶如仇）

"且说鲁达寻思"；（第5自然段第一句）

"鲁达寻思道：……"（第7自然段，165页最后一行）

小结：我们要学习本文的方法，通过语言和动作描写来刻画生活中的一个人物，表现出他（她）的性格特征。

（四）布置作业

课外阅读《水浒传》，准备开展一次讲水浒英雄的故事会。

后　记

　　这本小册子记录了我对中学语文课堂教学的思考与实践。我是2000年10月成为一名中学语文教研员的，如果从1986年7月走出大学校门算起，我从事中学语文教学和教研工作已经快35个年头了。感谢安徽师范大学出版社，让我在这一有纪念意义的年份收获了一份小小的纪念。

　　我是幸运的，作为省级新课程改革实验区的教研员，我们有幸先一步参与了基础教育第八次课程改革工作。2001年秋季，我们就接受了安徽省级新课改培训。为了中华民族的复兴，为了每位学生的发展，新课改的崇高使命赋予我们沉重的责任感。可以说，新课程改革赋予教研员学习和发展的机会，给予教研员"用武之地"。执着于课改，系情于教师和学生，我们在课改之路上不停地跋涉，风霜催我们坚毅，汗水促我们成熟。回顾近20年的改革之路，我深切地感到：教育理念的转变是重中之重，转变教师的教学方式和学生的学习方式实质上是教育价值观、人才观和人才培养模式的变革！

　　大家都知道，传统的教学方式把学习建立在人的客体性、受动性和依赖性上，从而导致人的主体性、能动性和独立性的不断销蚀。因此新课程改革把教学方式的转变作为核心任务，倡导以弘扬人的主体性、能动性和独立性为宗旨的自主、合作、探究式学习。

　　新课改倡导新型师生关系，倡导新的教学方式，教师是学生学习的合作者、鼓励者和引导者。转变学生的学习方式，是以培养学生的创新意识与实践能力为主要目的，要构建的是旨在培养学生创新意识与实践能力的学习方式！

　　教师的教学方式发生了变化，就为学生的学习方式转变提供了基础。瑞伯雷斯有句名言："学生不是待装的瓶，而是待燃的火。"教师实际上所从事的工作就是要点燃学生智慧的火花，最大程度地开发学生的能力，培养学生发现问题、分析问题和解决问题的能力！因此在课堂教学中，我们要着眼于培养学生的能力，要以学生的发展为本，提倡自主、合作、探究式学习。我们教研员尽管不在教学一线，但我们同学生的接触是频繁的，在教学视导的课堂上，我们坐在学生们中间；在课改调研的座谈会上，我们与学生们交流彼此的思考；在课题研究的过程中，我们与学生共同成长。自2002年我们成功申报省级课题"中学语文感悟式教学研究"以来，我们坚持将课题研究引入不同学校，引入课堂教学中去。在我们的课堂上，一直倡导自主、合作、探究的学习方式，在我们的教学过程中，始终是以学生的学为中心的：第一层次，整体感知，教师引领学生走进作品，创设阅读气氛，激发阅读动机，学生整体感知文本。第二层次，揣摩领悟，在合作与交流学习中，学生发现并提出问题。老师就像一位高明的导游，指点迷津。学生从文本的整体着眼，感悟文本的重点、难点、疑点和美点，最后达成对文本的整体观照。第三层次，表达创新，教师引导学生敢于探新求异，走进新的学习领域，尝试新的方法，追求思维的创新与表达的创新。在整个教学过程中，教师始终处于学生学习的合作者、鼓励者和引导者地位。我们突出学生的自主感悟，给予学生自主思维的空间，从不将现成结论灌输给学生，而是充分考虑到学生主动发展的需要，设计弹性化的、有一定思维空间的课堂问题，让学生去自主感悟、比较、体验。同时，教师还应注意运用延迟评价，启发学生作充分的、广泛的思考，为学生个性的发展及创造性学习提供条件。

教无定法，教学有法。新课改的核心要义是让学生成为学习的主人，在课堂教学中倡导自主、合作、探究的学习方式，注重学生的积累、熏陶和感悟。使学生学习由被动接受向主动求知转变，从而提高课堂教学效率，培养富有创新精神和创新能力的新型人才，是课程改革赋予我们的光荣使命！

教育改革从未停步。2021年安徽省将启动新高考改革，全面启用新教材。在新的征程中我仍是一名新兵！

一切为了学生，为了一切学生，为了学生的一切。

执着于课改，系情于教师和学生，我无怨无悔！

因为：

教育的理想是为了一切的人，

无论是城市的还是乡村的，
富贵的还是贫贱的，
聪慧的还是笨拙的；
教育的理想是为了人的一切，
无论是品德的还是人格的，
生理的还是心理的，
智力的还是情感的。

2020年5月

后
记